Bettina Beer
Hans Fischer

Wissenschaftliche Arbeitstechniken in der Ethnologie

2., überarbeitete und erweiterte Auflage

Dietrich Reimer Verlag

Bibliografische Information Der Deutschen Bibliothek
Die Deutsche Bibliothek verzeichnet diese Publikation in der Deutschen Nationalbibliografie; detaillierte bibliografische Daten sind im Internet über http://dnb.ddb.de abrufbar.

1. Auflage 2000
2., überarbeitete und erweiterte Auflage 2003

Zimmerstraße 26–27
10969 Berlin
www.dietrichreimerverlag.de

Umschlaggestaltung: Nicola Willam, Berlin

Printed in Germany

ISBN 3-496-02758-4

Vorwort

Wie verfasse ich einen wissenschaftlichen Text? Wie halte ich einen Vortrag? Wo finde ich relevante Literatur, und wie muss eine korrekte Literaturangabe aussehen? Praktische Fragen und formale Anforderungen dieser Art stellen für viele Studierende Probleme dar. Das Handwerkszeug des Wissenschaftlers ist aber erlernbar, man kann es sich systematisch aneignen. Leider geschieht das häufig nicht in Lehrveranstaltungen, sondern "nebenher". *Den* Ethnologiestudenten gibt es nicht, frühere Ausbildungen und Vorkenntnisse sind sehr unterschiedlich. Was für den einen selbstverständlich ist, verbindet sich für andere mit größten Mühen. Das betrifft zunächst auch die formalen Grundlagen des wissenschaftlichen Arbeitens.

Dieses Buch ist aus Erfahrungen im Hochschulunterricht und aus der Betreuung von Studierenden der Ethnologie entstanden. Es sind Erfahrungen einer Privatdozentin und eines emeritierten Professors, und sie beziehen sich auf unterschiedliche Interessen, Vorkenntnisse und Probleme Studierender.

Dass bereits nach zweieinhalb Jahren eine zweite Auflage dieser Einführung in das wissenschaftliche Arbeiten notwendig wird, weist auf einen tatsächlichen Bedarf hin. Diese Neuauflage musste nur in Einzelheiten überarbeitet werden. Neuere Literatur und einige Abschnitte zur Nutzung des Internet wurden hinzugefügt. Die Rechtschreibung wurde den neuen Regeln angepasst.

Für kritische Anmerkungen, Ergänzungen oder Hinweise, auch solche auf wichtige, spezifisch für Ethnologen nützliche Internet- und andere Ressourcen, sind die Autoren im Hinblick auf weitere Auflagen dankbar.

Inhalt

Einleitung

1. Für wen, was und wie?

Zugegeben, "Arbeit" klingt schon schlecht. Man sollte deshalb das Lesen dieser Seiten mit der Überzeugung beginnen, dass die Hinweise, Vorschläge und Regeln, die in diesem Band vorgestellt werden, *Arbeit* (und Ärger, Kritik und schlechte Noten) *vermeiden* und *Zeit sparen* helfen. Schon deshalb lohnt sich der Aufwand, das hier Vorgestellte zu lesen und sich zu eigen zu machen.

Diese Einführung ist für Studierende der Ethnologie gedacht, für Studienanfänger und Studierende der ersten etwa vier Semester. Sie stellt die Prinzipien und Techniken wissenschaftlichen Arbeitens (und Studierens) vor. Diese unterscheiden sich prinzipiell nicht von denen anderer Fächer, so dass auch Studierende anderer Disziplinen das Buch benutzen können. Das Ethnologische liegt in den Beispielen, die sich immer auf die Ethnologie beziehen. Es liegt auch in der angegebenen und vorgeschlagenen Literatur zur Weiterarbeit. Und es liegt schließlich in den Erfahrungen der Verfasser, die sie als Lehrende in der Ethnologie gemacht haben. Diese Erfahrungen sind es, die Auswahl und Betonungen dieses Bandes bestimmt haben. Sie umfassen ein hoffentlich breites und vielleicht auch widersprüchliches Spektrum.

Der Text soll für Studienanfänger verständlich sein, deshalb werden benutzte Wörter erläutert, soweit sie nicht als umgangssprachlich vorausgesetzt werden können. Man sollte zunächst diese Einleitung lesen, auch wenn man nachher nicht den ganzen Text in einem Stück durcharbeiten will. Eines der Ziele ist es, dass die einzelnen Kapitel jeweils auch einzeln gelesen, dass Probleme und Fragen auch isoliert nachgeschlagen werden können. Das bedingt einige Wiederholungen und Verweise. Der Index soll dabei zusätzlich helfen.

Aufbau und Anordnung der Kapitel sollen etwa der Abfolge entsprechen, in der Probleme und Anforderungen während des Studiums auftreten. Auch wenn das individuell verschieden sein kann, dürften bestimmte Fragen für alle am Anfang stehen. So muss diese Einleitung mit einigen allgemeinen Hinweisen auf wissenschaftliches Arbeiten und Wissenschaft beginnen.

– und was nicht drinsteht

Wann der brave Student schlafen geht und aufsteht, ob man im Liegen, Sitzen oder Knien lesen sollte, welches Licht zu bevorzugen und welche Nahrung zu meiden ist, welche Tageszeit dem Schreiben günstig und ob enge Kleidung hinderlich sei – wir verzichten darauf, diese Fragen zu behandeln. Sicherlich können einige dieser Dinge von Bedeutung sein. Aber zum einen fühlen wir uns fachlich dafür nicht zuständig, und zum anderen sind die individuellen Unterschiede so groß, dass jede/r für sich herausfinden muss, was gut für ihn/sie ist. Dieses "jede/r" und "ihn/sie" weist auf etwas hin, was der üblichen Erläuterung bedarf. Wir wissen, dass es mehr weibliche als männliche Studierende der Ethnologie gibt. Aber der Kürze der Darstellung wegen werden grammatisch männliche Formen für beide Geschlechter gebraucht.

2. Was "Wissenschaftliche Arbeitstechniken" sind . . .

Es gibt eine ganze Menge Bücher, die "Technik" oder "Techniken wissenschaftlichen Arbeitens" oder "Wissenschaftliche Arbeitstechniken" oder ähnlich heißen. Es ist uns allerdings nicht gelungen, daraus zu entnehmen, was genau man darunter versteht, also eine klare Begriffsbestimmung. Das scheint teils für selbstverständlich gehalten zu werden, teils drückt man sich offensichtlich, teils werden diese Techniken einfach aufgezählt. Verschiedene Bücher gleichen Titels haben dann auch unterschiedliche Inhalte. Aber es gibt bestimmte Kernbereiche, über die man sich offenbar einig ist: Lesen und Exzerpieren, Hören und Protokollieren, mündlicher Vortrag und schriftliche Darstellung, Literatursuche und Literaturangaben gehören immer dazu. Anderes und Spezielles – etwa Tagesplanung und verschiedene Lesetechniken, die Benutzung von Flussdiagrammen, unterschiedlichste Programme für Computer, mündliche Prüfungen, Sitzmöbel und Rechenhilfen – ist dann in einigen Büchern, aber nicht in anderen enthalten. Die Übergänge zu speziellen Aspekten wie "Freies Reden", "Dynamisches Lesen" oder auch "Wissenschaftliches Denken" sind fließend. Die Auswahl ist also in gewisser Weise willkürlich, oft von Erfahrungen im Unterricht bestimmt. Genau das ist auch beim vorliegenden Band der Fall. Er reagiert auf Probleme Studierender, die natürlich nicht die *aller* Studierenden sind.

Wir gehen davon aus, dass Ethnologie eine wissenschaftliche Disziplin ist und dass das Studium der Ethnologie Kenntnisse und Fähigkeiten dieser Disziplin und von Wissenschaft allgemein vermitteln soll. Durch Vortrag und Demonstration, Hören und Lesen, Diskutieren und übende Durchführung werden diese Kenntnisse und Fähigkeiten weitergegeben bzw. angeeignet. Dabei stimmen die Arbeitstechniken der Studierenden mit denen "fertiger" Wissenschaftler bzw. Ethnologen weitgehend überein. Denn Wissenschaft ist ein ständiger Lernprozess durch Arbeit.

"***Arbeit***", sagt ein Lexikon, komme von mittelhochdeutsch *arebeit*, "Mühsal", "Not", und sei "das bewusste, zielgerichtete Handeln des Menschen zum Zweck der Existenzsicherung wie der Befriedigung von Einzelbedürfnissen; zugleich wesentliches Moment der Daseinserfüllung."[1] Bleiben wir am besten bei der "Daseinserfüllung". Das heißt doch wohl, dass Arbeit Wissenschaftlern wie Studierenden ein Bedürfnis sein sollte.

Aber natürlich geht es hier nicht um jede, sondern um bestimmte Tätigkeit. Es geht nicht um Experimente oder Methoden der Feldforschung, nicht um die Erstellung von Gutachten oder statistische Analyse von Daten, also auch nicht um Datengewinnung und -auswertung, nicht um Forschung. Es geht um das, was man braucht, um sich Wissenschaft anzueignen. Und eben darin stimmen Tätigkeiten von Studierenden und Forschern überein. Die Techniken des Studierens sind im Prinzip dieselben, die auch später der lernende, forschende und vielleicht lehrende Ethnologe benutzt, um sich in neue Probleme, in neue Bereiche einzuarbeiten.

Dabei scheint das Wort "***Techniken***" problematisch. Es hat so einen Geruch des etwas Minderwertigen, des "bloß Technischen", des einfach Anzuwendenden, des geradezu Mechanischen, sogar des "Handwerks". Es gibt da ein anderes Wort, das einen viel besseren Ruf hat: "Methoden". Damit verbindet man mehr Theorie, mehr Wissenschaft, mehr Ansehen. Sieht man einmal in dem "Handbuch wissenschaftstheoretischer Begriffe" unter "Technik" und "Methode" nach, ist die Unterscheidung nicht so klar und eindeutig, wie man manchmal meint.[2] Aber wir bleiben hier doch bei

---

[1] dtv-Brockhaus-Lexikon in 20 Bänden. Mannheim und München 1989.

[2] Speck (Hg.) 1980.

der Bedeutung von "Techniken" als weniger Theorie-bezogenen, handwerklich ausgerichteten Vorgehensweisen, die weniger komplex als Methoden sind und sich auf teils sehr pragmatische Regeln beziehen. Und "Handwerk" fassen wir positiv auf. Es wäre schön, wenn jeder Wissenschaftler sein Handwerk beherrschte.

"Wissenschaftliche Arbeitstechniken" oder "Techniken wissenschaftlichen Arbeitens" sind also die Techniken der Aneignung von und des Zugangs zu Wissenschaft im Rahmen des Studiums. Es geht nicht in erster Linie um Forschung, obwohl das Lesen und Bibliographieren, das Diskutieren und Schreiben ganz normale Bestandteile auch des Forschungsprozesses sind. Wesentliches Element der Forschung ist aber die Gewinnung neuer Erkenntnisse. Das wird im Studium noch nicht verlangt, kann noch nicht verlangt werden. Allerdings sind die meisten dieser Techniken gar nicht nur Bestandteile von Wissenschaft, sondern von vielen Berufen. Auch Journalisten müssen die meisten davon beherrschen, auch Polizisten einiges, Lehrerinnen und Juristen, Buchhändler und Sekretärinnen. Was immer man also nach dem Studium beruflich tut: Das hier Gelernte wird man in jedem Falle brauchen können.

3. . . . und die Merkmale von Wissenschaft

Über "Arbeit" und über "Techniken" ist etwas gesagt worden. Es geht aber um "Techniken *wissenschaftlichen* Arbeitens". Das ist bisher als "in der Wissenschaft" verstanden worden. Irgendwelche Merkmale dafür wurden noch nicht genannt. Was also unterscheidet "wissenschaftlich" von "nicht wissenschaftlich"? Allgemeiner: Was ist "Wissenschaft", und wie kann man das erfahren? Die Antwort ist schon einer der wichtigsten Hinweise für die Informationssuche überhaupt: Nachsehen im Lexikon. Das ist oben schon mit "Arbeit" geschehen und soll nun für "Wissenschaft" nochmals erfolgen. Also nachschlagen in einem ganz gewöhnlichen Konversationslexikon, das zur Grundausstattung jedes lesefähigen Menschen (und sicher jedes Studierenden) gehören sollte. Es gibt solche Lexika als Taschenbuchausgaben und inzwischen auch auf CD-ROM. Unten folgt der Eintrag unter "Wissenschaft" in dem nicht mehr gerade neuen (und deshalb billig gelegentlich in Antiquariaten käuflichen) dtv-Brockhaus-Lexikon in 20 Bänden (es sind jeweils Taschenbuch-Bändchen) von 1989.[3] Dabei gleich noch der Hinweis: Nicht alle Lexika müssen für viele Zwecke allerneueste Ausgaben sein. Da heißt es also,

> "**Wissenschaft**, der Inbegriff des durch Forschung, Lehre und überlieferte Literatur gebildeten, geordneten und begründeten, für gesichert erachteten Wissens einer Zeit; auch die für seinen Erwerb typische methodisch-systemat. Forschungs- und Erkenntnisarbeit sowie ihr organisatorisch-institutioneller Rahmen. ... "

Es folgen noch viele Sätze über Ziele, Methoden, Gliederungsversuche, Geschichte und Kritik, die es lohnt, einmal sorgfältig und nachdenkend zu lesen. Nicht zuletzt deshalb, um sich klar zu machen, ob man so etwas – "Wissenschaft" – für seine Person überhaupt will, oder ob man nicht vielleicht andere Formen des Zugangs zur Welt bevorzugt. Es ist bedauerlich, dass an den Universitäten in vielen Fächern die Beschäftigung mit Wissenschaft allgemein, Wissenschaftlichkeit und wissenschaftlichen Methoden vernachlässigt wird. Gerade das wird meist als selbstverständlich vorausgesetzt.

Schon das kurze Zitat macht aber einiges deutlich: Unter "Wissenschaft" versteht man ein bestimmtes Wissen (sie wird also inhaltlich bestimmt), das bestimmte Merkmale aufweisen muss (nämlich geordnet und begründet zu sein). Man versteht darunter auch bestimmte Methoden (also Arten des Vorgehens) und Institutionen (Universitäten, Bibliotheken, Vereinigungen, etc.). Dass solches Wissen für eine bestimmte Zeit gilt (also veränderlich ist) und als gesichert "erachtet" wird (es also Urteile darüber gibt), wird nebenbei deutlich.

Dass "Wissenschaft" sich auf unterschiedliche Ebenen der Allgemeinheit und verschiedene Aspekte bezieht, geht aus dem Zitierten deutlich hervor. Trotzdem noch eine etwas ausführlichere Zusammenstellung der Bestimmungen von "Wissenschaft" nach einer ganzen Anzahl von Einträgen in Lexika und Handbüchern, die hier nicht im Einzelnen belegt werden. Diese Zusammenstellung wurde einige Jahre lang als Vorlage im Hochschulunterricht verwendet und erwies sich als fruchtbar für Diskussionen:

---

3 Es gibt dieses Lexikon inzwischen als *dtv-Lexikon in 20 Bänden* in einer Ausgabe von 1999.

"Wissenschaft" ist ...

1. *... Erkenntnis*
Die Gesamtheit von Wissen und Erkenntnissen in Form von Aussagen (Urteilen, Fragen, etc.), die begründet sind, systematisch geordnet, über Beschreibung hinaus auf Gesetzmäßigkeiten, kausale Zusammenhänge, wesentliche Eigenschaften, und damit letztlich auf Erklärungen und Prognosen ausgerichtet sind.

2. *... Bedingung für Aussagen*
Wissenschaftliche Aussagen sollen einer Reihe von Bedingungen entsprechen: Publikation und Offenlegung von Interessen als Voraussetzung für intersubjektive Überprüfbarkeit und Auseinandersetzung. Das setzt Verstehbarkeit in der wissenschaftlichen Gemeinschaft voraus, Eindeutigkeit durch Definitionen und ganz allgemein Rationalität (als Bezug auf Denkvorgänge) und damit Regeln der Logik entsprechend. Sie sollen neu (nicht bloß Bekanntes wiederholend) und eventuell innovativ (Paradigmen verändernd) sein.

3. *... eine Vorgehensweise*
An wissenschaftliches Vorgehen werden bestimmte Anforderungen gestellt. Es soll sein: zielgerichtet (auf Erkenntniszuwachs), methodisch (damit nachvollziehbar), sachbezogen ("objektiv", nicht subjektiv persönliche Interessen verfolgend), ehrlich (da nicht immer überprüft), genau (messbar wo nötig, aber keine Scheingenauigkeit), ökonomisch (jeweils Relevantes berücksichtigend), kritisch (nicht primär gläubig, grundsätzlich skeptisch), in Auseinandersetzung mit anderen.

4. *... die Wissenschaftliche Gemeinschaft*
Wissenschaft ist die (jeweilige) Gemeinschaft der Wissenschaftler mit gemeinsamen Paradigmen (Grundannahmen). Diese Gemeinschaft entwickelt die Normen, Regeln, Verfahren zur Überprüfung und überprüft deren Einhaltung in Auseinandersetzung. Aufgaben sind auch Ausbildung des Nachwuchses und Vermittlung an die (außerwissenschaftliche) Allgemeinheit. Es gibt Arbeitsteilungen innerhalb der Gemeinschaft (nach Fächern, aber auch etwa nach Schwerpunkten: Sammler, Theoretiker, Empiriker, Lehrer, Organisatoren, Popularisierer, etc.). Damit bestimmt sich Wissenschaft auch als Menge von Tätigkeiten und Berufsbildern.

5. *... ein kultureller Teilbereich*
Wissenschaft ist ein kultureller Teilbereich, historisch der Bereich einer bestimmten Kultur (der westeuropäischen), mit notwendigen Bezügen zu anderen Teilbereichen (Wirtschaft, Erziehung, Kunst, etc.) und aus dieser Kultur abgeleiteten Zielsetzungen und Bestimmung der Relevanz und Verantwortung. Wie jeder andere kulturelle Teilbereich ist Wissenschaft zeitabhängig und veränderlich (in Normen und Aussagen), der Unterschied gegenüber Nichtwissenschaft ist relativ. Es besteht ein ständiger Bezug zur gesellschaftlichen Praxis, aus der sich auch Fragestellungen der Wissenschaft ergeben und an der ihre Ergebnisse überprüft werden.

Nicht alles, was da ausgeführt wird, ist für den vorliegenden Zusammenhang von Bedeutung. Manches hat mit Forschung zu tun, mit Arbeitsteilung innerhalb der Wissenschaft, mit Ausbildung, mit Beziehungen von Wissenschaft und Gesellschaft. Für den Zusammenhang "Wissenschaftliche Arbeitstechniken" sind die folgenden Merkmale die wichtigsten:

Wissenschaft liegt "in Form von Aussagen" vor. Das macht nicht nur deutlich, welche Bedeutung "***Aussagen***", also sprachliche Äußerungen, haben, sondern auch die manchmal vergessene Tatsache, dass Wissenschaft erst mit solchen Aussagen, also der Veröffentlichung, existiert. Was nur im Kopf von jemandem vorhanden ist, das ist noch keine Wissenschaft. Es muss der wissenschaftlichen Öffentlichkeit zugänglich und damit ***überprüfbar***, kontrollierbar, kritisierbar sein und akzeptiert oder verworfen werden können.

Das setzt wiederum voraus, dass das Ausgesagte ***verstehbar*** ist, eindeutig, nicht vieldeutig, so ***genau*** wie nötig, um überprüfbar zu sein. Allerdings bezieht sich diese Verstehbarkeit (Verständlichkeit) zunächst auf die wissenschaftliche Gemeinschaft, die die Möglichkeiten und Voraussetzungen dafür hat. Hier spielt "Wissenschaftssprache" eine Rolle, auf die noch zurückgekommen wird. Sprache hat aber wiederum auch mit ***Regeln***, mit tradierten Formen und Formeln zu tun, die eingehalten werden müssen, wenn gegenseitiges Verstehen erreicht werden soll.

Auch "Ökonomie" hat mit Verständlichkeit zu tun. Wissenschaftliches Arbeiten soll "***ökonomisch***" sein, also mit dem geringstmöglichen Aufwand vorgehen. Je ökonomischer eine Aussage ist, desto schneller ist sie zu verstehen. Und man kann auch formulieren, dass etwas um so ökonomischer ist, je enger es sich an bestehende Regeln hält, etwa Regeln für Literaturangaben, Regeln für schriftliche Darstellung – auch wenn diese Regeln teils willkürlich sind und andere sein könnten. Abgesehen davon: Warum sollte irgend jemand unökonomisch vorgehen, arbeitsaufwendig, zeitaufwendig, wenn es auch ökonomisch geht?

Die genannte "***Publikation***" ("Veröffentlichung") wissenschaftlicher Aussagen ist übrigens nicht identisch mit "Popularisierung", also der Vermittlung an eine allgemeine Öffentlichkeit. Das kann ein späterer Schritt sein. Die Anforderungen an wissenschaftliche Publikationen sind sehr viel schärfer. Als "Erkenntnis" im gemeinten Sinne können nur Aussagen gelten, die Kritik und Auseinandersetzung in der wissenschaftlichen Gemeinschaft durchlaufen haben, und sie gelten nur bis zum Beweis des Gegenteils. Auch diese Einschränkung ist wichtig: Ein Buch enthält nicht schon deshalb wissenschaftliche Erkenntnis, weil es neu ist. Im Gegenteil, die wissenschaftliche Gemeinschaft braucht einige Zeit (einige Jahre!), um sich damit auseinander zu setzen und die Ergebnisse dieser Auseinandersetzung wiederum zu publizieren.

Es ist also die "***wissenschaftliche Gemeinschaft***", die Regeln aufstellt, kontrolliert, sich auseinandersetzt, neue Mitglieder aufnimmt und eventuell ausscheidet. Am besten versteht man unter "der" wissenschaftlichen Gemeinschaft hier "die Ethnologen", also diejenigen, die durch Nachweis ihrer Befähigung zur Forschung (die Promotion) in diese Gemeinschaft aufgenommen wurden und meist im Bereich dieser wissenschaftlichen Disziplin auch beruflich tätig sind.

4. Folgerungen

Ein paar Folgerungen für das eigene Verhalten und für die Einschätzung der eigenen Fähigkeiten im Bereich Wissenschaft scheinen noch notwendig. Was Wissenschaft von Nichtwissenschaft und Wissenschaftler von Nichtwissenschaftlern unterscheidet, sind keine prinzipiellen Unterschiede, sondern relative. Verlangt wird mehr an Genauigkeit, mehr an Sorgfalt, mehr an Überprüfbarkeit von Aussagen. Aber dieses "relativ mehr" in bestimmten Hinsichten kann schon von Bedeutung sein. Von Bedeutung für den Erfolg des Studiums, von Bedeutung für berufliche Chancen im Bereich Wissenschaft, von Bedeutung für die Qualität von Studienleistungen, von Prüfungsarbeiten und später eventuell von Forschungsergebnissen. Ethnologie ist Wissenschaft und nichts anderes, es gibt keine "nichtwissenschaftliche" Ethnologie. Lehrende stellen sich manchmal die Frage, ob sich jede/r Studierende der Anforderungen von Wissenschaft wirklich bewusst ist. Studierende sollten sich andererseits fragen, ob sie "so etwas" überhaupt wollen.

Diese Einführung ist für Studierende unterer Semester gedacht, die von Forschern erwarteten "höheren" Qualitäten – Phantasie, Neugier, Experimentierfreude, Methodenbeherrschung, Abstraktionsvermögen, theoretisches Interesse, Verzicht auf allerlei Lustgewinn und wie sie alle heißen mögen – sollen hier noch gar nicht gefordert werden. Für den Anfang reichen schon ein paar einfachere Qualitäten, gerade solche, die heute gern als "Sekundärtugenden" abqualifiziert werden. Sie reichen von Genauigkeit und Sorgfalt über die Kenntnis und Einhaltung von Regeln bis zu Pünktlichkeit und Zuverlässigkeit.

Kapitel 1: Hören und Protokollieren

1. Hören und Erinnern
2. Protokolle
3. Was, wie, wozu?
4. Ausarbeitung

1. Hören und Erinnern

Es soll nicht nur Menschen geben, die ein photographisches Gedächtnis haben, sondern auch solche, die nach einiger Zeit noch wörtlich wiederholen können, was andere gesagt haben. Wie lange "nach einiger Zeit" ist und wieviel sie dann wörtlich wiederholen können, ist wohl eher eine Frage der Behauptung als der Wirklichkeit. Und meist sind solche Typen ziemlich lästig, die einem sagen, "damals hast du aber wörtlich gesagt ...", und dann kommt unser angebliches Geschwätz von gestern.

Was jemand in einer Unterhaltung gesagt oder zu einer Diskussion beigetragen hat, mag nicht besonders gut durchdacht gewesen sein. Vielleicht hat er nur den *advocatus diaboli* gespielt und wollte provozieren oder war augenblicklich verärgert. Was ein Zeuge in einem Prozess sagt, wie genau ein Beschluss im Bundestag lautet, welche Zusammenhänge in einer Vorlesung dargestellt werden, das kann alles aber erhebliche Konsequenzen haben – für ein Urteil, für ein Gesetz oder für ein Examen. Erinnerungen reichen dafür nicht.

2. Protokolle

Im Studium ebenso wie in Sitzungen von Gremien der Universität, bei Vorträgen oder Kongressen reicht das Verlassen auf das Gedächtnis also nicht. Man muss sinnvolle Notizen machen und diese Notizen später ausarbeiten. Ohne den ersten Schritt ist die Teilnahme wenig erfolgreich, ohne den zweiten sind die Notizen unfruchtbar. Was hier gemeint ist, wird häufig als "Mitschrift", "Niederschrift" oder "Notizen", als "Aufzeichnung" oder "Protokoll" bezeichnet. Das Wort "Protokoll" soll hier beibehalten werden, obwohl es mehrdeutig und seine Etymologie fast etwas komisch ist. Aber die Beschäftigung mit beidem – den verschiedenen Bedeutungen und der Herkunft – ist nützlich und bringt Einsichten.

Ein Blick in ein etymologisches Wörterbuch ergibt folgende Angaben: "***Protokoll***" wird als Fremdwort seit dem 16. Jahrhundert gebraucht, zunächst in der Rechts- und Kanzleisprache. Es kommt vom gleichbedeutenden mittellateinischen *protocollum*, das wiederum auf eine griechische Form *proto-kollon* zurückgeht. Das bedeutet wörtlich "der erste (*protos*) Leim (*kolla*)" und bezeichnete ursprünglich ein Papyrusrollen vorgeleimtes Blatt mit chronologischen Angaben über Entstehung und Verfasser.[4]

Unter "Protokoll" werden heute aber mehrere unterschiedliche Arten von Niederschriften oder Notizen verstanden. Hier die wichtigsten:

- ***Wortprotokolle***. Das sind wörtliche Wiedergaben von Gesagtem, eventuell einschließlich Versprechern, den üblichen "äh", Räuspern ("ähäm"), Angaben über Verhalten ("der Sprecher übergibt eine Aufstellung") und Reaktionen des Publikums ("Beifall" – "Zwischenruf: So nicht!"). Solche Wortprotokolle setzen entweder Stenographiekenntnisse voraus oder Tonaufnahmen. Genau das ist auch in Gremien der Fall, von deren Sitzungen Wortprotokolle erstellt werden, etwa im Bundestag. Für das Studium spielen sie keine Rolle. Aber in der ethnologischen Feldforschung sind Aufnahmen von Mythen und Märchen, von Autobiographien, Festansprachen oder Predigten im Prinzip nichts anderes.

- ***Beschlussprotokolle***. Die meisten Gremien der Universität (Institutsräte, Fachbereichsräte, Akademischer Senat, Berufungskommissionen, etc.) haben Geschäftsordnungen, die Beschlussprotokolle vorschreiben. In diesen Protokollen werden nur Beschlüsse, über die abgestimmt wurde, wörtlich wiedergegeben. Nur so kann Klarheit über den Inhalt von Beschlüssen bestehen, etwa Neufassungen von Prüfungsordnungen, die Vergabe von Lehraufträgen, Berufung von Professoren, etc.

- ***Ergebnisprotokolle***. Eine etwas vage Kategorie, die mit der vorigen übereinstimmen kann. Hier wird nur niedergelegt, was das Ergebnis eines Vorgangs, etwa einer Abstimmung, ist. Das kann eventuell in der Protokollierung nur der Ja- und Nein-Stimmen bestehen.

- ***Gedächtnisprotokolle***. Mit diesem Wort wird ein bestimmter Aspekt solcher Niederschriften betont: Sie werden nicht während des Vorgangs selbst, sondern danach angefertigt. Gedächtnisprotokolle werden geschrieben, wenn man sich während des betreffenden Vorgangs seiner Bedeutung nicht bewusst war (ein beobachtetes Verbre-

---

[4] Duden 1989.

chen), nichts notieren konnte (weil man weder Papier noch Bleistift bei sich hatte) oder es günstiger war, nicht zu notieren. Vertreter werden sich nach einem Besuch bei Kunden darüber Notizen machen, wie sie empfangen wurden und wann ein nächster Besuch stattfinden sollte. Ethnologen werden in bestimmten Situationen nicht mitnotieren (bei einer Krankenheilung, einem Todesfall, einer Schlägerei), sondern ein Gedächtnisprotokoll anfertigen. Und auch Professoren machen sich in dieser Weise nach einem Seminar oder nach der eigenen Vorlesung Notizen darüber, wie die Stunde gelaufen ist oder welche Probleme aufgetreten sind. Ähnlich nach Gesprächen mit Studierenden in der Sprechstunde.

- ***Beobachtungsprotokolle*** oder Versuchsprotokolle sind eine spezielle Form von Aufzeichnungen in der Forschung. Man benutzt hierfür vorgefertigte Protokollbögen oder Formulare mit wenigen festgelegten Kategorien, etwa: Uhrzeit, Temperatur, Gewicht, Farbe oder ähnliches. In der Ethnologie spielen sie eine geringere Rolle. Relativ am häufigsten sind Tagesprotokolle, die man bestimmte Personen anzufertigen bittet, um den nicht beobachtbaren Tagesablauf zu erfassen.

- ***Inhaltsprotokolle*** geben den Inhalt von etwas Gehörtem (oder Gesehenem) ohne vorgegebene Kategorien wieder. Am Bekanntesten außerhalb der Wissenschaft (aus Kriminalromanen) sind Vernehmungsprotokolle. Vielleicht lässt sich an ihnen am besten illustrieren, worum es geht. Da sind zum Ersten die Fragen des Vernehmenden – zum Zweiten die Antworten, die Aussagen des Vernommenen – zum Dritten die Notizen des Protokollanten – und zuletzt erst die ausformulierte Fassung, die dem Vernommenen vorgelegt und von ihm durch Unterschrift als korrekt wiedergegeben zu bestätigen ist. Im Prinzip ziemlich ähnlich sind Niederschriften während des Studiums.

Von den aufgeführten Formen spielen also alle eine gewisse Rolle im Fach, während des Studiums vor allem die letzte. Wenn man davon ausgeht, dass sich niemand alles merken kann, was anderthalb Stunden lang geredet (und eventuell vorgeführt) wird, ist das bloße Zuhören eine ziemliche Zeitvergeudung. Es ist Anwesenheit, nicht Teilnahme, nicht Mitarbeit. Und ***Mitarbeit*** sollte wichtigstes Merkmal des Studiums sein, wenn man viele Jahre nicht sinnlos vertun will. Mitarbeit besteht zunächst im Zuhören und sinnvollen Notieren während der Lehrveranstaltung und in der Ausarbeitung der Notizen danach.

Als Exkurs noch diese Bemerkung: Die Mitarbeit in jeder Art von Lehrveranstaltung besteht auch darin, ***Fragen*** zu stellen. Gerade das Notieren stößt den Zuhörer darauf, dass er etwas nicht verstanden hat. Dazu ist die deutliche Kennzeichnung solcher nicht verstandener Punkte wichtig. Man kann sofort, nach Abschnitten des Vortrags, an speziell dafür gedachten Stellen ("Gibt es Fragen dazu?") oder am Ende einer Vorlesungsstunde oder einer Seminarsitzung Fragen stellen. Es ist vielleicht ein bisschen "peinlich", in einem Auditorium von hundert Zuhörern als Einziger etwas zu fragen. Aber auch Dozenten sind für solche Unterbrechungen gewöhnlich dankbar und für Fragen, die Interesse und Aufmerksamkeit deutlich machen.

Während einer Vorlesung beobachtet man zwei Extreme immer wieder: die einen, die nichts notieren und die anderen, die wie die Weltmeister ganze Romane mitschreiben. Wenn man selbst nur einige Seiten Notizen für die Vorlesung hat, fragt man sich, was die da wohl schreiben? Und es lassen sich die entscheidenden Fragen für Protokolle daraus ableiten: *Was*, *wie*, *wozu*?

3. Was, wie, wozu?

Eine entscheidende Frage ist also: ***Was sollte man notieren?*** – Antwort: Wesentliches. Also nicht alles, es soll ja kein Wortprotokoll werden. Das Wichtigste wird vom Lehrenden (wenn er gut ist) gewöhnlich besonders hervorgehoben und betont. Er sagt: "Wesentlich daran ist ...", "Der zentrale Aspekt ...", "Ich fasse zusammen ..." Ein wenig muss man sich an diese Hervorhebungen jedes Vortragenden oder Lehrenden erst gewöhnen, muss sie erkennen. Dass der Anfänger Wichtiges von Unwichtigem zunächst noch nicht klar unterscheiden kann, versteht sich von selbst. Auch später wird jedem Einzelnen anderes wichtig sein – dem an Entwicklungshilfe Interessierten anderes als der Fachhistorikerin, Afrikanisten anderes als Geographiestudierenden im Nebenfach, dem Erstsemester anderes als der Doktorandin. Es sind die jeweils als wichtig wahrgenommenen zentralen Aussagen und Fragen, Zusammenhänge und Strukturen, Beispiele und Quellenangaben, Namen und Zahlen, die notiert werden. Es können aber auch Nebenbemerkungen sein, die in einem ganz anderen Zusammenhang (einer anderen Lehrveranstaltung) von Bedeutung sind, oder Ideen, auf die man noch nie gestoßen ist.

Die Erfahrung mit dem Versuch, "Wesentliches" zu notieren, ist auch eine gute Voraussetzung für die Anlage eigener schriftlicher Arbeiten und Vorträge. Sie ist Voraussetzung dafür, das Wichtige in eigenen Texten (und mündlichen Referaten) selbst deutlich hervorzuheben.

Wie man notieren soll, hängt mit dem "Was" zusammen: Man notiert in Stichworten und nicht in ganzen Sätzen. Die Ähnlichkeit mit dem Exzerpieren von schriftlichen Texten wird später (☞ **EXZERPIEREN**) deutlich werden. Und wie dort muss man lernen, aus solchen Stichworten später wieder sinnvolle Zusammenhänge herzustellen. Das bedeutet, dass individuell erhebliche Unterschiede bestehen, und dass auch im Laufe des Studiums sich diese Art des Notierens verändert (meist verkürzt). Dabei ist es gleichgültig, ob man handschriftlich oder mit einem Laptop arbeitet: die Notizen sind dieselben.

Es hat sich gezeigt, dass es nützlich ist, für sich selbst eine Reihe von Zeichen zu entwickeln, die auch das Notieren in Stichworten noch erheblich verkürzen können. Etwa in der Weise, dass man < für "wird zu", * für "Zentrale Aussage", ? für "Problem", (?) für "habe ich nicht verstanden", etc. verwendet, eventuell auch gleich ein Zeichen (vielleicht #) für "unbedingt nachschlagen". Solche Zeichen sind nicht festgelegt und jede/r kann und sollte sie für sich selbst entwickeln und dann auch beibehalten.

Wozu notieren? ist natürlich die Frage, die man sich als erste stellen sollte. Sie ist vorher auch schon beantwortet worden, sie ist die Begründung überhaupt für Protokolle: dass das menschliche Gedächtnis leider sehr unvollkommen ist. Aber man muss sich die Frage noch in einer anderen Hinsicht beantworten: Diese Notizen sind nicht Selbstzweck und sind nicht Endergebnis. Wenn ich meine mehr oder weniger lesbaren Mitschriften aus irgendeiner Vorlesung in einen feinen Ordner hefte und nie wieder ansehe, habe ich relativ wenig davon. Vermutlich habe ich einiges besser verstanden als ohne Notieren, allein durch den Zwang, das Wesentliche zu erfassen. Aber es muss noch ein weiterer Schritt folgen (so wie oben für das Vernehmungsprotokoll gezeigt), die Ausarbeitung.

4. Ausarbeitung

Möglichst noch am selben Tag (etwa am Abend), in jedem Falle aber so bald wie möglich, sollten die ***Notizen umgeschrieben*** werden. Aus den handschriftlichen Stichworten sollte ein Text werden, den man auch nach längerer Zeit noch lesen und verstehen kann. Erst wenn ich das versuche, bemerke ich, ob meine Notizen verständlich sind. Je längere Zeit ich vergehen lasse, um so schwieriger wird das. Der in Maschine oder PC geschriebene Text muss nicht perfekt sein, muss nicht Ansprüchen an besonders "schönen" Stil entsprechen. Der Leser bin immer ich selbst. *Ich* muss verstehen, was da steht, nicht andere. Aber man trainiert damit auch auf eine einfache Weise wissenschaftliches Schreiben: eindeutig und ökonomisch zu sein.

Dieses Umschreiben (*Um*schreiben, nicht: Um*schreiben*) der Notizen in einen lesbaren knappen Text ist aber nicht die einzige Arbeit, die wirkliche Mitarbeit darstellt. Darüber hinaus sollte man dabei noch weitere Arbeiten durchführen:

- ***In Lexika nachsehen***, was bestimmte Wörter bedeuten, die erwähnt, aber nicht erläutert wurden. Etwa "Aufklärung", wenn mein Geschichtsunterricht nur bis zu Karl dem Schweigsamen kam, oder "Humboldt", also die vielen Namen und Begriffe, die dem Dozenten so selbstverständlich sind.

- Der Deutschunterricht an Gymnasien hat besonders gern die ***Rechtschreibung*** vernachlässigt. Also nachsehen, wie man *"Kuhwade"* tatsächlich schreibt, das in der Vorlesung erwähnt wurde.

- Wenn man aus seiner Notiz nun die richtige Schreibweise *"Couvade"* gemacht hat, sollte man sich auch ansehen, was das Wort eigentlich im Fach bedeutet. In diesem Fall in einem ethnologischen ***Wörterbuch***.[5]

- Lehrende überschätzen häufig auch die geographischen Kenntnisse der Studierenden, "Trobriands", "Tokelau", "Tahiti", "Tobago" und selbst "Togo" können nicht alle sofort identifizieren oder sich auf dem Globus vorstellen. Und wenn in Schlagertexten die Wellen der Südsee an den Strand von Haiti schlagen, macht das auch allgemein etwas vage erdkundliche Kenntnisse deutlich. Also: ***Atlas*** benutzen!

- Während einer Vorlesung wird gewöhnlich Literatur genannt, die zur Vertiefung (und Kritik!) des Dargestellten dienen kann. Meist gibt es (oft schon vorher) auch Literaturlisten. Man muss sich überlegen, wie man die ***Lektüre*** wenigstens eines Teils dieser Literatur zeitlich einbauen kann. Möglichst schon vorher in den Semesterferien, in jedem Falle nachher.

Personennamen, Ländernamen, Völkernamen, geographische Angaben, Bezeichnungen für historische Perioden, für kulturelle Merkmale und schließlich ausgesprochene Fachbegriffe werden in Lehrveranstaltun-

---

5 Im *Wörterbuch der Völkerkunde* (1999) heißt es im Eintrag "Couvade" unter anderem: "Bei der extremsten Form, dem "*Männerkindbett*", schlüpft der leibl. Vater (Genitor) in die Rolle der Wöchnerin, simuliert z.B. Wehen. Geht sie oft schon kurz nach der Geburt wieder ihrer Arbeit nach, nimmt der Partner den Säugling zu sich ..."

gen häufig nicht weiter erläutert. Das hat damit zu tun, dass es kaum Veranstaltungen gibt, die nur von Erstsemestern oder Zweitsemestern, Hauptfächlern oder Doktoranden besucht werden. Kein Lehrender kann es allen Teilnehmern recht machen. Der eine fühlt sich unzureichend informiert, der andere stöhnt, weil er alles schon kennt. – Also muss man nachschlagen: in Konversationslexika oder Fachlexika, einem Atlas oder auf einer Landkarte, die zur Grundausstattung aller Studierenden gehören sollten.

Verständlich wäre die Frage danach, ***was man mit den Umschriften*** und Ausarbeitungen eigentlich ***anfängt***. Aus dem vorher Gesagten sollte deutlich geworden sein, dass diese Arbeiten das eigentliche Studium darstellen: Notieren, nachlesen, sich auseinandersetzen, schließlich selbst formulieren. Das so Erarbeitete bleibt im Gedächtnis. Die ausgearbeiteten Texte stellen dann Materialien dar, die man – weil sie schnell zugänglich, selbst formuliert, knapp und für eigene Zwecke geordnet sind – in verschiedenen Zusammenhängen nutzen kann. Besonders häufig werden sie später auch für Prüfungen genutzt.

Warum eigentlich verteilen Lehrende keine Skripten, machen die eigenen Notizen Studierenden nicht zugänglich? Tatsächlich sind früher in vielen Fächern aus Vorlesungsskripten ebenso wie aus Mitschriften von Vorlesungen Bücher und Lehrbücher (und Prüfungsgrundlagen) entstanden. Aber zum einen werden Vorlesungen gewöhnlich nach Stichwörtern gehalten und nicht nach ausgearbeiteten Texten vorgelesen. Der Unterschied zwischen diesen beiden Formen wird am Grad der Langeweile deutlich. Nur bei solchem tatsächlichen "Vorlesen" konnte ein berühmter Kollege in Wien während seiner eigenen Vorlesung einschlafen, wie die Fama berichtet. Die Hörer waren fasziniert. Wichtiger ist, dass es zum anderen gar nicht um die Produktion von Lehrbüchern oder Materialien geht. Es geht um die eigene Arbeit, die eigene Erarbeitung von Stoff, von Auffassungen, von Problemen, von Lösungen. Ob Vorlesungen oder andere Formen der Lehre: Sie sind Anstoß und Anregung, nicht Zentrum des Studiums.

Etwas anderes sollte deutlich geworden sein: Auf eine Stunde ***Teilnahme*** an einer Lehrveranstaltung (einem Vortrag, einer Diskussion) kommen eventuell mehrere Stunden (Vor- und) Nacharbeit, die Ausarbeitung der Notizen. Erst das ist ***Mitarbeit***. Mehr noch: Erst das ist Studium (von *studere*, "sich bemühen"). Das sollte Konsequenzen für die Teilnahme an Lehrveranstaltungen haben. Eine eindeutige Konsequenz heißt: Weniger ist mehr. ***Wenige Lehrveranstaltungen***, in denen man mitarbeitet, bringen mehr als die bloße Anwesenheit in vielen. Und auch die Teilnahme an den für die jeweilige Phase des Studiums ***richtigen Veranstaltungen*** spielt eine Rolle, wie die Bemerkungen oben zeigen sollten. Der Ehrgeiz sollte sich nicht darauf richten, in Seminare zu gehen, für die man noch gar nicht die Voraussetzungen hat. Solche Voraussetzungen werden gewöhnlich vorher schon angegeben. Umgekehrt darf ein Doktorand nichts von einer Übung für Erstsemester erwarten.

Kapitel 2: Lesen

1. Lesen

Mit Lesen fängt das Studium an, Lesen ist die zeitaufwendigste Beschäftigung eines Wissenschaftlers. Die technischen Entwicklungen von PC und Internet, Fernsehen und Video, Kopierer und Recorder ändern nichts daran. Je zahlreicher und schneller die Möglichkeiten des Zugangs zu Informationen, zu Quellen, zu Daten werden, um so mehr *könnte* man lesen. Die Gefahr ist aber, dass man nicht mehr dazu kommt, weil man mit diesen technischen Zugangsmöglichkeiten zeitlich ausgelastet ist (etwa mit dem Surfen im Internet) oder sich zu sehr auf sie verlässt (etwa auf die hergestellten Kopien).

Schon vor längerer Zeit wurde aber darüber geklagt, dass Studierende Probleme mit dem Lesen hätten. Noch bevor all die schönen zeitaufwendigen Möglichkeiten entstanden, sich mit Informationsschrott "vollzumüllen". Das hatte meist mit Konzentrationsproblemen zu tun. "Konzentration" dabei im doppelten Sinne: Einerseits ist es die Fähigkeit, die Umgebung auszublenden und sich völlig auf die Lektüre zu konzentrieren. Andererseits ist aber auch die Fähigkeit damit gemeint, aus der Masse an Lesbarem das Wichtige und Richtige auszuwählen.

2. Arten des Lesens

Die Fragen im Zusammenhang mit Lesen sind also: was? – warum? – wie? – wann? Eigentlich sind das die üblichen Fragen bei allem, was man tut. Einige sind wichtiger als andere, manche sind allgemein nicht zu beantworten, die meisten nur im Zusammenhang miteinander. Es gibt sehr unterschiedliche Arten zu lesen, abhängig von unterschiedlichen Zielsetzungen. Man könnte die folgenden nach Zielsetzung und Vorgehen unterscheiden:

***(1) Gezieltes lernendes Lesen*:** Wer mit dem Studium eines Faches beginnt, dem bleibt nichts anderes übrig, als sich in die Grundlagen dieses

Faches einzulesen: Dazu dienen *Einführungen* in die Ethnologie. An den verschiedenen Instituten werden gewöhnlich unterschiedliche empfohlen. Vielleicht hat der zuständige Professor eine geschrieben. Lesen Sie sie trotzdem. Welche Einführungen es derzeit gibt, dazu mehr im folgenden Abschnitt "Die Grundausstattung mit Büchern". Jede hat ihre Vor- und Nachteile und generell gilt, dass nicht jede Form der Darstellung für jeden Studierenden die richtige und passende ist. Man sollte also ausprobieren, welche die beste für einen selbst ist. Im Laufe der Zeit sollte man mehrere Einführungen lesen, in jedem Falle nach deutschsprachigen dann auch englischsprachige, möglichst sowohl britische wie US-amerikanische. Von diesen gibt es sehr viele, teils aufwendig aufgemacht und didaktisch aufbereitet. Am besten ist es, in der Bibliothek des Instituts selbst auszuwählen, welche Art der Darstellung einem liegt. Von den deutschsprachigen Einführungen sollte man sich eine oder zwei kaufen, um immer wieder einmal Teile nachlesen zu können und sie auch später noch als Nachschlagewerke zu benutzen.

Solche Einführungen liest man in Abschnitten, vielleicht kapitelweise, zunächst ohne Notizen und ohne weiteres Nachschlagen (in Lexika). Man wird um ein zweites Lesen nicht herumkommen, bei dem man dann in Konversationslexika, Sprachlexika, im Atlas, etc. nachschlägt, was man nicht sofort verstanden hat. Das gilt dann noch mehr für Englischsprachiges. Und man sollte dieses Lesen von Einführungen in die Ethnologie, die Cultural Anthropology oder die Social Anthropology noch für einige Jahre weiterführen. Nur so bekommt und behält man so etwas wie einen ungefähren Überblick über sein Fach. Mit der Zeit wird diese Art des Lesens dann auch leichter.

Auf die allgemeinen Einführungen könnten dann Einführungen in sachliche Teilbereiche (Religionsethnologie, Wirtschaftsethnologie etc.) folgen und Überblicke über Kontinente oder Großregionen (Völkerkunde Afrikas, Südamerikas, Sibiriens, Polynesiens, etc.). Damit sind wir aber schon bei der zweiten Art des Lesens.

(2) Themenbezogenes Lesen. Diese Art des Lesens ergibt sich gewöhnlich aus den ersten Lehrveranstaltungen, an denen man teilnimmt. Oft wird allgemeine Literatur dazu genannt, die man dann als Hintergrund auch lesen sollte – wie die Einführungen im ersten Durchgang noch ohne Notizen zu machen. Vor einem Seminar über "Afrikanische Königtümer" sollte man sich allgemeine Hintergründe über Afrika lesend aneignen: Geographie, Sprachenverteilung, Geschichte, politische Situation etc. Entsprechendes gilt für andere Themen ebenso. Das sollte schon *vor* dem Semesteranfang sein und vor Beginn des Seminars, damit man sinnvoll ein Referat auswählen und übernehmen kann. Diese Phase vor dem Semester wird zwar salopp "Semesterferien" genannt, heißt offiziell und korrekt aber "Vorlesungsfreie Zeit". Nur so ist das auch gemeint. Diese Art von Literatur ist gewöhnlich in Instituts- oder Universitätsbibliotheken vorhanden. Allerdings ausgeliehen, wenn sich alle Seminarteilnehmer tatsächlich vorbereiten wollten.

(3) Datenbezogenes Lesen. Hier geht es dann um einzelne Themen, zu denen man ein mündliches und/oder schriftliches Referat oder eine Hausarbeit zu erarbeiten hat. Es geht darum, relevante Daten (Informationen, Tatsachen) zu einem bestimmten Thema oder Problem zu sammeln. Entweder wird die notwendige Literatur vom Seminarleiter angegeben oder sie muss selbst gefunden und beschafft werden. Für Referate bekommen Studierende in unteren Semestern häufig einen bestimmten Aufsatz oder mehr Literatur genannt, die sie zusammenfassend in einem bestimmten Zusammenhang vortragen sollen. In Mittel- oder Oberseminaren wird solche Literatur aber nicht mehr vorgegeben, man muss sie sich selbst suchen, so wie dann auch für Abschlussarbeiten und die weitere wissenschaftliche Arbeit. Dafür muss man zunächst die (vermutlich) relevante Literatur ausfindig machen und dann die darin vielleicht verstreut enthaltenen Informationen herausholen. Das geht nun wiederum in mehreren Schritten vor sich:

– ***Literatursuche***: Dabei geht es zunächst darum, relevante Literatur zu einem bestimmten Thema nach Bibliographien, Handbüchern oder Schlagwortkatalogen in Bibliotheken herauszufinden. Man bekommt Hinweise auf einzelne Aufsätze und Bücher und kann vermuten, dass das Thema auch in allgemeineren Arbeiten behandelt wird. "Scheidung" etwa auch unter "Heirat" oder "Ehe" oder noch allgemeiner "Verwandtschaft"; "Trommeln" auch unter "Musikinstrumente" oder "Musik". Hierzu siehe ausführlicher unter ☞ **LITERATURSUCHE UND -BESCHAFFUNG**.

– ***Kursorische Durchsicht*** der herausgefundenen Aufsätze oder Bücher auf die Frage hin, ob sich Informationen zum Thema darin finden. Der *Titel* allein ("Entzauberter Blick" etwa) bringt noch nicht unbedingt etwas, *Untertitel* sind meist deutlicher. *Reihentitel* geben ebenfalls Hinweise auf Zusammenhänge, in denen ein Buch steht. Etwa die Reihe "History of Anthropology", durch die man den Titel "Observers Observed" zumindest teilweise einordnen kann. Der Untertitel "Essays on

Ethnographic Fieldwork" macht das noch deutlicher.[6] Es geht um Probleme der empirischen Forschung in der Ethnologie. Schließlich aber sind es *Inhaltsverzeichnis*, *Einleitung* (auch die *Zusammenfassung* am Ende) und *Index*, die am besten weiterhelfen. Diese kursorische Durchsicht wird man am besten schon in der Bibliothek durchführen, um nicht unnötig viele Bücher, die man gar nicht brauchen kann, nach Hause zu schleppen.

– ***Selektives Lesen.*** Bemerkungen und Informationen zum bearbeiteten Thema finden sich oft völlig verstreut und vielleicht in Nebenbemerkungen in Büchern und Aufsätzen. Dann bleibt einem nichts anderes übrig, als ganze Bücher zu "überfliegen" und Seiten diagonal durchzusehen. Es ist erstaunlich, wie man mit der Zeit durch Übung und Gewöhnung dabei tatsächlich das entdeckt, was man sucht. Gerade für Magisterarbeiten und Dissertationen muss man oft so vorgehen. Bei der Anfertigung einer Dissertation über Musikinstrumente in Ozeanien etwa wurden hunderte von Büchern und Artikeln auf diese Weise "durchforstet". Die Suche ging im Laufe der Zeit immer schneller und Wörter wie "Trommel", "Flöte", "Instrument", "spielen", "Klang", "Musiker" sprangen bald förmlich in die Augen.[7]

(4) Systematische Literaturverfolgung. Das wird gewöhnlich erst dann der Fall sein, wenn man sich – als Schwerpunkt während des Studiums, als Berufszielvorstellung oder für eine Prüfungsarbeit – für ein bestimmtes Thema oder mindestens einen bestimmten Bereich entschieden hat: regional, sachlich, problemorientiert oder theoretisch. Für Afrika oder Osteuropa, Verwandtschaft oder materielle Kultur, den Museumsbereich oder Touristik. Dann wird man versuchen, die Neuerscheinungen zu diesen Bereichen (oft als "Neuerwerbungen" in Bibliotheken gesondert für eine Weile ausgestellt) und die jeweils neuesten Hefte spezieller Zeitschriften einzusehen. Allerdings wäre es für Hauptfach-Studierende allgemein nicht unwichtig, die jeweils neuesten Hefte der wichtigsten ethnologischen Zeitschriften durchzusehen, etwa *Current Anthropology*, *American Anthropologist* und *Zeitschrift für Ethnologie*. Man bekommt dadurch mindestens einen Eindruck von Entwicklungs- und Veränderungstendenzen im Fach.

(5) Ungezieltes entdeckendes Lesen. Man könnte so etwas auch "Schrotschuss-Lektüre" nennen. Die meisten Bücher und Aufsätze im

---

[6] Stocking (Hg.) 1983.

[7] Fischer 1958.

Fach behandeln Bereiche, die nicht in die eigenen Interessengebiete fallen – weder während des Studiums noch später beruflich. Um aber eine Vorstellung davon zu bekommen, was alles tatsächlich im Fach behandelt und geforscht wird, womit sich Ethnologen beschäftigen, wo die Grenzen der Ethnologie sind, sollte man gelegentlich (am besten aber in bestimmten Abständen, etwa halbjährlich) Neuerscheinungen und neue Zeitschriftenhefte in einer Bibliothek auch nach Arbeiten durchsehen, die eben nicht die eigenen Interessen betreffen. Das gilt auch für ältere und alte Arbeiten, in denen man häufig ganz Überraschendes findet. Hin und wieder könnte man einen Artikel oder ein Kapitel mit scheinbar völlig abgelegenem oder sogar abwegigem Thema lesen: etwa ein ethnologisches Buch mit dem Titel "Der Krüppel",[8] vielleicht etwas über "Betrug und Täuschung in der Wissenschaft",[9] den unter Pseudonym geschriebenen "Roman" einer Ethnologin, der zum Klassiker über Erfahrungen in der Feldforschung geworden ist,[10] oder den Eintrag "Computers and Culture", in der vierbändigen "Encyclopedia of Cultural Anthropology".[11]

(6) Nachschlagen. Kombiniert mit allen anderen Arten des Lesens sollte dies ständig geschehen: das Nachschlagen in Referenzwerken (Lexika, Wörterbüchern, Verzeichnissen, Handbüchern, etc.). Es ist wichtig, sich dieses ständige Nachschlagen anzugewöhnen. Kein Begriff sollte ungeklärt bleiben, man sollte schreibend wie redend kein Wort verwenden, dessen Bedeutung man nicht kennt. Das wird am Anfang der Beschäftigung mit einem neuen Gegenstand (und am Anfang des Studiums) sehr viel Zeit kosten. Später wird es deutlich weniger. Aber genau dieses Nachschlagen lohnt sich außerordentlich. Da man immer nur kürzere Einträge zu lesen hat, bleiben sie besser im Gedächtnis als lange Texte.

In manchen Einführungen in Lesetechniken wird das ***Visualisieren*** von Texten empfohlen.[12] Nach der Lektüre solle man die wichtigsten Argumente des Textes mit graphischen Mitteln veranschaulichen. Unseres Erachtens ist es sinnvoller, Texte gleich in sprachlicher Form zusammenzufassen und zu bewerten, da so auch das vom Text gelöste Formulieren geübt wird. Wer jedoch sehr große Probleme hat, sich Zusammenhänge

---

8 Müller 1996.

9 Broad und Wade 1984.

10 Smith Bowen 1987.

11 Hakken 1996.

12 Etwa Schubert und Riesenkönig 1972; Stary und Kretschmer 1994: 121 ff.

zu vergegenwärtigen oder es mit besonders komplexen Texten zu tun hat, sollte schematische Darstellung und Veranschaulichungen ausprobieren. Mehr dazu steht in der angegebenen weiterführenden Literatur.

Nützlich ist es, zum Schluss zu ***rekapitulieren***: Was war wichtig? Welche Antworten wurden in Bezug auf das Leseziel gefunden? Einen solchen kurzen zusammenfassenden Kommentar kann man entweder in der eigenen Literaturkartei bzw. -datei vermerken oder an das Ende des Exzerptes stellen.

Literatur: In den meisten Einführungen zum wissenschaftlichen Arbeiten sind Kapitel zu Lesetechniken enthalten. Es gibt jedoch auch spezielle Literatur. Texte, in denen es darum geht, die "Lesegeschwindigkeit" zu verbessern, sind unseres Erachtens nicht sehr sinnvoll, da sie den Erfordernissen des Studiums meist nicht angespasst sind. Will man sich weiter mit sinnvollem Lesen während des Studiums beschäftigen, sind Schubert und Riesenkönig 1972 sowie Stary und Kretschmer 2000 nützlich.

Hier nicht behandelt wird das ***Korrekturlesen***, auf das unter ☞ **TEXTE UND MANUSKRIPTE** eingegangen wird.

3. Die Grundausstattung mit Büchern

Wer einmal an einer Einführungsveranstaltung in die Rechtswissenschaft teilgenommen hat, der weiß, dass da ganz schöne Kosten auf die Studierenden zukommen. Eine Menge Bücher muss man sich selbst kaufen, von den Taschenbüchern BGB oder GG bis zu teuren Kommentaren. Dann ändern sich die Gesetze auch noch ständig, und man muss sich neue Ausgaben anschaffen. Dass für Referate gerade die Bücher in der Bibliothek ausgeliehen sind, die man am dringendsten braucht, ist eine bittere Erfahrung. Dass sie oft nur deshalb ausgeliehen sind, weil andere verhindern wollen, dass man sie kriegt, erzählen sich Jurastudenten untereinander. Bei den Ethnologen kommt so etwas natürlich nicht vor. Die Bücher sind dann trotzdem in der Bibliothek gerade ausgeliehen.

Aber selbst wenn man alle Bücher schnell in der Institutsbibliothek bekommt, sie vielleicht sogar längere Zeit ausleihen oder in einem Leseraum sofort lesen kann – um den Kauf einiger Bücher als Grundausstattung kommt man nicht herum. Einiges muss man jederzeit und sofort nachschlagen und überprüfen können, weil man Texte sonst nicht versteht. Andere Bücher muss man in Ruhe und in Abständen und mehrfach lesen können, vielleicht will man auch ungehemmt Unterstreichungen und Anmerkungen anbringen. Das meiste von dem, was im Folgenden aufgezählt wird, hat nicht nur mit Ethnologie zu tun, sondern gilt für andere Fächer ebenso oder gehört sogar zur Ausstattung jedes halbwegs interessierten Menschen. Manches davon hat man eventuell noch aus seiner Schulzeit, anderes hatte man damals aus der Bibliothek der Eltern benutzt. Probleme machen bei Bücherkäufen eventuell nicht nur die Kosten, sondern oft geht es auch um die Belastung, die Bücher für ein bewegliches Leben darstellen (und etwa für die Unterbringung in einem Zimmer des Studentenwohnheims).

Die folgenden ***Vorschläge*** nennen nur allgemein die Arten von Büchern, sie machen also nur wenige genauere bibliographische Angaben.

1. Einführung in die Ethnologie

Man sollte sich in jedem Falle eine oder zwei der deutschsprachigen Einführungen kaufen. Englischsprachige Einführungen (die man auch lesen sollte) sind im Allgemeinen zur Anschaffung zu teuer.

Hans Fischer (Hg.): Ethnologie. Einführung und Überblick. 4. Aufl. Berlin: Reimer. 1998. [Eine Neufassung erscheint 2003]

Karl-Heinz Kohl: Ethnologie - die Wissenschaft vom kulturell Fremden. Eine Einführung. München: Beck. 1993.

2. Wörterbuch der Ethnologie

Ohne die Fachbegriffe nachsehen zu können, kann man wissenschaftliche Arbeiten kaum lesen. Hier braucht man mehr als nur ein Wörterbuch, vor allem unbedingt auch ein englischsprachiges. Ältere sind gewöhnlich nicht mehr zu bekommen und mit Neuauflagen tun sich Verlage für unser Fach oft recht schwer. Zu empfehlen sind derzeit:

Wörterbuch der Völkerkunde. Berlin: Reimer. 1999.

Charlotte Seymour-Smith: Macmillan Dictionary of Anthropology. London: Macmillan. 1987.

Thomas Barfield (Hg.): The Dictionary of Anthropology. Oxford: Blackwell. 1997.

Viele der in der Ethnologie benutzten Begriffe stammen aus anderen, aus benachbarten Disziplinen. Deshalb werden sich Studierende der Ethnologie im Laufe der Zeit auch einige Wörterbücher anderer Disziplinen zulegen müssen, vor allem aus Philosophie, Soziologie, Volkskunde, Geographie und Psychologie. Es gibt sie gewöhnlich auch in Taschenbuchausgaben. – Nur ein Hinweis noch, der unter "Belegen" weiter ausgeführt wird: Solche Lexika und Wörterbücher sind zum Nachschlagen da, man kann gewöhnlich die Einträge nicht selbst als Quellen für wissenschaftliche Texte verwenden.

3. *Konversationslexikon*

Dies ist eines der wichtigsten – und am meisten unterschätzten – Hilfsmittel in der Wissenschaft und beim Lesen allgemein. Die Einträge in Konversationslexika stammen gewöhnlich von Fachleuten und man findet durchaus auch ethnologische Fachbegriffe darin. Wichtig ist, dass man sich nicht auf eines der wunderschön bunt bebilderten, ein- bis dreibändigen Lexika für das gediegene Wohnzimmer einlässt. Es gibt vielbändige Taschenbuchausgaben. Sie können ruhig schon einige Jahre alt sein (dann findet man sie verbilligt in Antiquariaten), so viel verändert sich darin nicht.

4. *Fremdsprachen-Wörterbücher*

Englisch ist nicht nur die wichtigste Sprache in der Ethnologie (der weitaus größte Teil aller Publikationen ist auf Englisch), es ist die internationale Wissenschaftssprache und zunehmend publizieren auch deutsche Ethnologen auf Englisch oder halten darin Vorträge bei internationalen Tagungen. Dass man ein brauchbares Wörterbuch Englisch-Deutsch-Englisch braucht, versteht sich deshalb von selbst. Hier sollte man sich übrigens neben einem kleinen Dünndruck-Taschenwörterbuch für die Benutzung auch in Bibliotheken noch ein größeres, etwa zweibändiges zulegen.
Je nach regionalen Interessen wird man sich dann die Wörterbücher für die Quellen in den jeweiligen Sprachen zulegen. Außer Französisch, Spanisch, Portugiesisch oder Niederländisch werden das dann Indonesisch, Pidgin oder andere Verkehrssprachen und schließlich regionale außereuropäische Sprachen sein. Zum Verständnis von Fachbegriffen sollte man allerdings auch sein Latein-Lexikon aus der Schulzeit behalten und Altgriechisch wäre auch nicht schlecht.

5. *Fremdwörterbuch*

6. *Etymologisches Wörterbuch*

Man braucht sowohl ein Fremdwörterbuch als auch ein etymologisches (oder "Herkunftswörterbuch"), mit denen man sich einem Verständnis der doch ziemlich vielen Fachwörter fremder Herkunft – nicht nur aus Griechisch und Latein – nähern kann.

7. *Rechtschreibwörterbuch*

Dass die Gymnasien nicht unbedingt Horte deutscher Rechtschreibung sind, ist kein Geheimnis. Dabei geht es hier gar nicht um alte oder neue Rechtschreibung. Wer Referate Studierender durchlesen muss, dem ist nichts Mänschliges mehr fremd. Warum Rechtschreibung für Wissenschaftler heute von viel größerer Bedeutung als früher ist, wird unter "Manuskripte" dargestellt.

8. *Völker-Lexikon*

Ethnologen gehen ständig mit hunderten von Völkernamen um. Tiwi und Tewa, Nuer und Nuba, Athapasken und Atjeh und ein paar hundert andere sind jedem bekannt. Aber es gibt tausende solcher Namen auf unterschiedlichen Ebenen der Allgemeinheit von Sprachfamilien wie "Austronesier" über kollektive Bezeichnungen für Minderheiten wie "Negritos" bis zu kleinen benannten Verwandtschaftsgruppen. In Büchern und Aufsätzen tauchen sehr viele mit aller Selbstverständlichkeit auf. Leider gibt es keine brauchbaren Handbücher dafür, die die ganze Welt umfassten und die auch noch käuflich erschwinglich sind. Gelegentlich noch in Antiquariaten zu bekommen ist dies:

Waldemar Stöhr: Lexikon der Völker und Kulturen. 3 Bände. (rororo handbuch). Reinbek bei Hamburg: Rowohlt. 1972.

8. Atlas

9. Wissenschaftsgeschichte, -soziologie, -theorie

Erstaunlich ist immer wieder, wie wenig in der Universitätsausbildung auf allgemeine Prinzipien und Probleme von "Wissenschaft" eingegangen wird. Das betrifft Fragen wie die, was Wissenschaft eigentlich ist oder sein könnte, wie sie sich entwickelt hat und verändert, welches die politischen und sozialen Bedingungen von Wissenschaft sind: Wissenschaftsgeschichte und Wissenschaftssoziologie. Was ist eine 'Theorie', eine 'Hypothese', was sind 'Definition' oder 'Begriff'? Dinge, mit denen man täglich in jedem Fach umgeht. Damit beschäftigt sich die Wissenschaftstheorie. Jeder Studienanfänger sollte sich so schnell wie möglich mit den allgemeinen Problemen von Wissenschaft beschäftigen, auch wenn das nicht als Lehrveranstaltung angeboten wird. Leider fehlt so etwas wie eine "Einführung in die Wisssenschaft" völlig. Hier wenige Hinweise:

Michel Serres, (Hg.): Elemente einer Geschichte der Wissenschaften. Frankfurt a.M. 1998.

Wolfgang Krohn und Günter Küppers: Die Selbstorganisation der Wissenschaft. Bielefeld 1987.

Walter L. Bühl: Einführung in die Wissenschaftssoziologie. München 1974.

Wolfgang Balzer: Die Wissenschaft und ihre Methoden. Grundsätze der Wissenschaftstheorie. Ein Lehrbuch. München. 1997.

Hartmut Lang: Wissenschaftstheorie für die ethnologische Praxis. Berlin 1994.

10. Wissenschaftliches Arbeiten

Es gibt eine Fülle von Einführungen in das wissenschaftliche Arbeiten allgemein, für bestimmte Fächer und für jeden Teilaspekt von Methoden des Lesens und freier Rede bis zur Erstellung eines Manuskripts. Wer die vorliegende Einführung nützlich gefunden hat, sollte sich eventuell Taschenbücher für weitere Teilaspekte zulegen. Man findet sie in jeder Buchhandlung in der Nähe einer Universität.

Kapitel 3: Exzerpieren

1. "Exzerpieren"

Dass Lesen die wichtigste Beschäftigung während des Studiums und eine der wichtigsten jedes Wissenschaftlers ist (oder sein sollte), wurde am Anfang des vorigen Kapitels gesagt. Allerdings ist es beim Lesen wie beim Hören von Vorlesungen, Vorträgen oder Gesprächen: Das menschliche Gedächtnis ist sehr begrenzt. Niemand kann sich alles Gelesene merken, nicht einmal das im jeweiligen Zusammenhang Wichtigste. Man muss also Teile des Gelesenen notieren oder sogar längere Auszüge des Textes machen, muss "exzerpieren". Dazu sagt "der Kluge" (Etymologisches Wörterbuch der deutschen Sprache – es sollte zur Grundausstattung jedes Studierenden gehören), das Wort komme vom Lateinischen *excerpere*, zu *carpere*, "pflücken, aussuchen, auswählen". In lateinischen Wörterbüchern steht dann unter *carpere* noch vergnüglicher "abpflücken, abbrechen, abfressen, abweiden, abgrasen".[13] Das "DUDEN Fremdwörterbuch" formuliert wunderschön: "schriftlicher, mit dem Text der Vorlage übereinstimmender Auszug aus einem Werk."[14] Genau das ist hier gemeint.

2. Bibliographische Angaben

Was immer man aber exzerpieren will, als Erstes muss die genaue *bibliographische Angabe* niedergeschrieben werden, sonst ist die ganze folgende Arbeit "für die Katz". Angewöhnen sollte man sich auch von Anfang an, Standort und Signatur des Buches zu verzeichnen. In unserem Beispielfall soll das die "Museumsbibliothek" (*MuBi*) mit entsprechender Signatur (*Oz*

---

[13] Kluge 1999, PONS 1990.

[14] Duden 1990.

1807) sein. Wie bibliographische Angaben aussehen sollen, dazu die folgende Literaturangabe:[15]

> Bronislaw Malinowski: Ein Tagebuch im strikten Sinn des Wortes. Frankfurt a.M.: Syndikat. 1985. [Original: A diary in the strict sense of the term. New York 1967]. <MuBi Oz 1807>

Sinnvoll ist es, solche Literaturangaben gleich so zu notieren, wie man sie später im Literaturverzeichnis seiner schriftlichen Darstellung aufführt, das spart wieder Arbeit (in jedem Fall, wenn man gleich in den Computer schreibt). Also zum Beispiel so:

> Malinowski, Bronislaw
> 1985 Ein Tagebuch im strikten Sinn des Wortes. Frankfurt a.M.: Syndikat. [Original: A diary in the strict sense of the term. New York 1967]. <MuBi Oz 1807>

Es ist nicht ganz unwichtig, sich schon bei dieser bibliographischen Angabe bewusst zu machen, dass man eine Übersetzung vorliegen hat, und dass das Original immerhin 18 Jahre früher erschienen ist. Ebenso wichtig ist die Tatsache, dass die Einträge in diesem Tagebuch aus den Jahren 1914 bis 1918 stammen und dass das Ganze von Valetta Malinowska, der Witwe Bronislaws, herausgegeben wurde. Aber das sind schon Einzelheiten, die zwar auch auf dem Titelblatt oder auf der Rückseite des Titelblattes – im Impressum – stehen, die aber auch aus dem Text hervorgehen. Dazu ausführlich unter ☞ **LITERATURANGABEN**.

3. Ziele

Die Ziele von Exzerpten sind unterschiedlich, ebenso wie Umfang und Ausführlichkeit des Exzerpierten, und es gibt Übergänge von allgemeinen Inhaltsangaben oder Beurteilungen bis zu längeren Auszügen und wörtlichen Zitaten. Die allgemeinste Form wäre eine Notiz nach dem Durchlesen, die besagt, was und wie Inhalt und/oder Qualität eines Buches (oder Aufsatzes) sind. Etwa in dieser Form über Malinowskis oben angegebenes Tagebuch:

> Tagebucheinträge Malinowskis von seinen Feldforschungen in Neuguinea 1914-15 und 1917-18. Ursprünglich Polnisch. Einleitung von Raymond Firth. Herausgegeben nach seinem Tode von seiner Witwe. Waren

[15] Siehe Malinowski 1985 im Literaturverzeichnis.

nicht von ihm zur Publikation bestimmt. Spannend zu lesen, teils sehr persönlich, viel über Krankheiten und persönliche Befindlichkeit (Hypochonder?), einiges über Feldforschungsmethodik, böse Bemerkungen über Missionare und Einheimische.

So oder ähnlich würde eine Notiz vielleicht aussehen, wenn sie ein Ethnologe niederschreibt. Studierende der ersten Semester würden wohl erst einmal nachschlagen müssen, wer Malinowski war, wer Raymond Firth, und wo Neuguinea liegt. Das ist vor allem aber noch gar kein richtiges "Exzerpt", weil es nichts direkt vom Inhalt wiedergibt. Man sollte sich angewöhnen, solche Notizen für alles zu machen, was man gelesen hat – in diesem Falle entweder direkt in der (einer) Literaturliste, oder auf der Karteikarte einer Kartei, die man sich für alles Gelesene anlegt. Auch für das, was man schlecht findet, und auch für das, was man *nicht* brauchen kann. Das hat damit zu tun, dass man nach einiger Zeit vergisst, was man schon gelesen, durchgesehen, genutzt hat.

Je nach Zielsetzung muss man nun aber genauer werden. Wenn man Informationen in einem Referat oder einem Manuskript verwenden will, genügt nicht die bibliographische Angabe des Buches. ***Seitenangaben*** sind nötig, und hier wird es schon etwas komplizierter. Man kann etwa so vorgehen: Man liest den Artikel, das relevante Kapitel oder auch ein Buch ganz durch (oder in Abschnitten, wenn es zu lang ist), damit man den Überblick und Zusammenhang behält. Also nicht sofort das Lesen unterbrechen, um zu exzerpieren, wenn man etwas Wichtiges gefunden hat. Beim Lesen braucht man sowieso ein Lesezeichen, um die Seite wiederzufinden. Wenn man ***als Lesezeichen eine Karteikarte*** verwendet, kann man sich darauf während des Lesens Seitenzahlen notieren, auf denen etwas zu Exzerpierendes steht. Erst nach dem Durchlesen wird exzerpiert.

4. Markieren

Hat man nur die Seitenzahl notiert und nicht die Stelle, den Satz oder das Wort im Text irgendwie angemerkt, müsste man dann die ganze Seite wieder lesen. Das wäre eventuell doppelte Arbeit. ***Was man nicht tun sollte***: die entsprechenden Stelle unterstreichen, vielleicht sogar mit Kugelschreiber. Generationen von Lesern dieses Buches aus der Universitätsbibliothek lesen den Text in einem anderen Zusammenhang und fluchen über solche Anstreichungen. Sie sind unsozial und unfair. Dasselbe gilt übrigens für an den Rand geschriebene Kommentare. Was man mit eigenen Büchern macht, muss man selbst entscheiden. Aber man sollte sich zwei Dinge auch hier klarmachen: Ich lese mein Buch das nächste Mal vermutlich auf der Suche nach *anderen* Informationen. Wenn ich es nach einigen Jahren antiquarisch verkaufen will, ist sein Wert durch die Schmiererei gesunken. Dass jemand das Buch gerade deshalb kauft, weil irgend jemand seine Glossen da reingeschrieben hat, mag vorkommen, ist aber eher selten.

Wie also markieren? – Auch wenn jede Bibliothekarin uns verfluchen wird, hier folgender Vorschlag: Man nehme einen weichen Bleistift (Stärke 1 oder B), spitze ihn wohl an, auf dass er einen dünnen Strich ergebe. Damit mache man einen leichten Strich am Rand der Textstelle, die man exzerpieren will. Nach dem Exzerpieren beseitige man unbedingt diesen feinen, dünnen, leichten Strich mit einem Radiergummi, einem weichen Radiergummi, der nicht das ganze Blatt zerfetzt. Nach Jahren des Trainings sind wir überzeugt, dass so dem Buch kein Schaden zugefügt wird und die nächsten Leser nicht irritiert werden. Um es zu wiederholen: Natürlich darf man das nicht tun, jede Bibliotheksordnung steht dem entgegen.

Dann gibt es da noch die Beobachtung, dass einige Studierende offenbar ein besonders heftiges Bedürfnis nach Unterstreichungen (oder Hervorhebungen durch bunte Marker) haben, das sie durch ***Kopien*** befriedigen. Sie stellen zunächst also Kopien von Aufsätzen oder ganzen Büchern her, lesen sie erst dann, und können jetzt nach Herzenslust ***markieren***. Übrigens markieren sie oft so viel in rot und blau und gelb, dass kaum noch unmarkierter Text übrig bleibt. Dann werden diese bunt gefärbten Kopien aufbewahrt – zunächst in dünnen Packen, dann in immer dickeren und noch dickeren und noch dickeren. Der finanzielle Aspekt ist eines der entstehenden Probleme. Vor allem aber ist das ein Raumproblem und ein Problem der Organisation und Auffindbarkeit. Was als Exzerpt im Computer ist, findet man erheblich besser wieder als unterstrichene Passagen in Packen, in Bergen von Kopien.

5. Exzerpte

Jetzt zum *Exzerpieren* selbst. Man schreibt in Stichworten, längeren Umschreibungen oder wörtlich heraus, was da steht, um sich allgemein zu erinnern (ethnologische Grundkenntnisse) oder spezifisch die Informationen für ein Referat, einen Vortrag, einen Aufsatz zu verwenden. Die Frage ist, ob man das von ***Hand***, mit ***Schreibmaschine*** oder ***Computer*** tut? Um das Notieren von Hand wird man in öffentlichen Bibliotheken nicht herumkommen. Für alte Bücher besteht oft ein Kopierverbot, und nicht jeder hat einen Laptop. In handschriftlicher Form sollte man Exzerpte aber nicht aufbewahren. Es sei denn, man hätte eine ungewöhnlich lesbare Handschrift und würde gleich auf DIN A4-Blätter schreiben, die man mit anderen Materialien in Ordnern gut abheften kann. (☞ **ABLAGE**).

Schreibmaschinen sind langsam aus der Mode gekommen. Sie haben gegenüber Computern – die man ansonsten wie Schreibmaschinen benutzen kann – vor allem den Nachteil, dass man das Exzerpt, den ersten Entwurf und weitere Fassungen eines Textes nacheinander, also mehrfach, schreiben muss. Man kann allerdings (wenn man einseitig beschreibt), auch auseinanderschneiden und neu zusammenkleben für verschiedene Fassungen. Computer haben in diesem Zusammenhang gleich mehrere Vorteile: Texte sind leichter zu korrigieren (auch mit Rechtschreibprogramm), man muss nicht mehrere Fassungen schreiben, kann umformatieren nach Bedarf, braucht nicht auszudrucken und Papierberge anzuhäufen bis zur Endfassung. Und nicht zuletzt helfen Suchprogramme, Dinge wiederzufinden.

Noch ein Hinweis zu Materialien in Archiven, die man (und wo man) nicht kopieren darf: Hier hat sich die Benutzung eines kleinen ***Diktiergerätes*** als nützlich erwiesen. Man kann ganz nahe am Mikro leise hineinsprechen und auf diese Weise sehr viel schneller längere Texte wörtlich aufnehmen. Zuhause schreibt man sie dann um.

Ohne ***Seitenangabe*** (und Angabe von Abbildungen, Fotos, Karten etc.) ist alle Arbeit vergeblich gewesen. Wissenschaftliche Aussagen (Behauptungen, Darstellungen) müssen überprüfbar sein. Über Malinowskis Tagebuch könnte man etwa notieren:

> Macht sich Gedanken über die Bedeutung und den Wert von Tagebüchern (S. 106, 158). Ebenso über den Sinn seiner Forschungen: "Was ist der tiefste Sinn meiner Untersuchungen? Herauszufinden, was seine [des Eingeborenen] Hauptleidenschaften sind ... " (S. 110)

Dieses kurze Exzerpt enthält schon ein paar wesentliche Dinge: Zwei Angaben darüber, wo sich Malinowski über den Sinn seines eigenen Tagebuchschreibens äußert (Seiten 106 und 158) und ein kurzes Zitat aus seinen Überlegungen zum Sinn seiner Forschung. Sie stehen in Anführungsstrichen, und die Punkte machen deutlich, dass der Satz im Original noch weitergeht. Diese scheinbare Pingeligkeit ist eines der Merkmale sorgfältiger wissenschaftlicher Arbeit. Nur was man schon genau exzerpiert, kann man später im Manuskript korrekt wiedergeben. Das betrifft auch die genaue Unterscheidung zwischen dem, was im Buch steht, und dem, was man selbst dazu notiert. So sind etwa die drei Punkte die Angabe, dass man etwas beim Exzerpieren ausgelassen hat (nämlich die restlichen Wörter des Satzes, " ... die Motive seines Verhaltens, seine Ziele.").

Es gibt aber auch Stellen in diesem Buch, da haben die Herausgeberin oder der Übersetzer etwas ***ausgelassen***, vielleicht, weil es zu peinlich oder schlicht handschriftlich nicht zu lesen war. Das steht dort in eckigen Klammern, nämlich so: "[...]". Oder sie haben zur Verständlichkeit etwas ***hinzugefügt***, wie oben in dem Exzerpt die Erläuterung "[des Eingeborenen]". Ich muss also beim Exzerpieren darauf achten, welche Zeichen und Schreibweisen ich selbst verwende, um nicht mit denen im Original durcheinander zu geraten. Werden im Original sowohl [eckige] wie (runde) Klammern gebraucht, sollte man für eigene Kommentare auf eine dritte Art ausweichen, etwa < diese >.

Ein anderes Problem ist die Tatsache, dass in dem Tagebuch gelegentlich Wörter *kursiv* wiedergegeben sind. So heißt es auf derselben Seite 110 etwa:

> "Da wären wir wieder bei Adolf Bastian: *Universalgedanke, Volksgedanke* [dt.] etc. ... " (S. 110)

Hier stehen im handschriftlichen polnischen Original zwei deutsche Wörter, die deshalb kursiv gesetzt sind. Außerdem wird korrekt angegeben, dass sie deutsch sind: "[dt.]". Malinowski bezieht sich hier auf den organisatorischen Begründer der deutschen Ethnologie, Adolf Bastian. Da haben wir gleich zwei Probleme auf einmal. Man muss irgendwie anmerken, dass diese ***Hervorhebung*** durch kursive Schreibung so im vorliegenden Text steht und nicht vom Exzerpierenden ist. Das macht man so, dass man in Klammern dahinter schreibt "(kursiv im Original)". Dasselbe Verfahren gilt für jede Art von Hervorhebungen, etwa **fett**, *kursiv*, g e s p e r r t oder unterstrichen.

Ein weiteres Problem besteht darin, dass Malinowski in dem Text ein ***Fehler*** unterlaufen ist: Bei Bastian heißt es nämlich nicht "Volksgedanke", sondern "Völkergedanke". Auch hier muss man deutlich machen, dass nicht *dem Exzerpierenden* dieser Fehler unterlaufen ist. Also schreibt man hinter dieses "falsche" Wort: "(sic)". Das ist Lateinisch und heißt "so" (etwa: "so im Original"). Genau das muss man auch einfügen, wenn etwa ein Wort falsch geschrieben ist, ein Schreib- oder Druckfehler. Steht da etwa "das" (statt "dass"), dann darf man nicht einfach korrigieren und "dass" schreiben, sondern: "das (sic)". Das Exzerpt oben müsste also ganz korrekt in der folgenden Form notiert sein:

"Da wären wir wieder bei Adolf Bastian: *Universalgedanke*, *Volksgedanke* (sic) [dt.] etc. ... " (S. 110; Hervorhebungen im Original)

oder:

"Da wären wir wieder bei Adolf Bastian: *Universalgedanke*, *Volksgedanke* [dt.] etc. ... " (S. 110; Schreibweise wie im Original)

Bei den ***Seitenangaben*** gibt es noch ein kleines Problem und einen praktischen Hinweis. Weil in wissenschaftlichen Texten die Quellenangabe *nach* einer Information oder einem Zitat steht, pflegt man meist auch bei Exzerpten so zu verfahren. Erst exzerpiere ich, dann gebe ich die Seite an. Und genau da vergisst man es häufig. Deshalb der Vorschlag: Man sollte sich angewöhnen, *als erstes* jeweils die Seite hinzuschreiben, und dann erst das Exzerpt. Und damit überhaupt keine Frage ist, auf was sich die Seitenzahl bezieht (und dass es eine Seitenzahl ist), sollte man mit Doppelpunkt deutlich machen, dass das *Folgende* auf dieser Seite steht, "23:" oder "(23:)". In Einzelfällen kann man das auch umdrehen, ":23" oder "(:23)" bedeutet, das *davor* Geschriebene ist auf (oder von) Seite 23. Das obige Exzerpt sieht dann etwa so aus:

(106, 158:) Macht sich Gedanken über die Bedeutung und den Wert von Tagebüchern. (110:) Ebenso über den Sinn seiner Forschungen: "Was ist der tiefste Sinn meiner Untersuchungen? Herauszufinden, was seine [des Eingeborenen] Hauptleidenschaften sind ... "

Noch ein Trick zur Arbeitserleichterung. Wenn man viel aus einem Buch oder Aufsatz später in einem eigenen Text zitieren will, sollte man bei Benutzung des Computers die Seitenangabe nach dem wörtlichen Exzerpt gleich mit einem Sternchen versehen: (*:106) oder (*:110). Dann gibt man dem ganzen Dokument mit dem Exzerpt zunächst den Befehl: "Ersetze: * durch: Malinowski 1985" und erhält an allen diesen Stellen den vollständigen ***Beleg***, hier: "Malinowski 1985: 106" bzw. "Malinowski

1985: 110", den man nun sicher in den eigenen Text übernehmen kann. – Zu Belegen mehr im Kapitel ☞ **ZITIEREN UND BELEGEN**.

Umfangreiche Exzerpte, Materialsammlungen (für Referate, Vorträge oder Bücher), die über mehrere Seiten gehen, sollte man sehr sorgfältig gliedern durch Zwischenüberschriften oder Hervorhebung einzelner Wörter. Dabei kann man in einem ersten Schritt ein Buch oder einen Aufsatz einfach von vorn bis hinten exzerpieren. Erst im zweiten Schritt sollte man dann (dabei lässt man das Dokument mit dem originalen Exzerpt bestehen) sachlich zusammengehörige Abschnitte aus verschiedenen Exzerpten in ein neues Dokument kopieren, das dann Grundlage für die Erstellung eines eigenen Textes ist.

6. Arten von Exzerpten

Bei einem ***allgemeinen*** oder ***vollständigen Exzerpt*** versucht man, die gesamte Argumentation eines Textes nachvollziehbar (für sich selbst nachvollziehbar!) festzuhalten. Ein Klassiker der Ethnologie ist Bronislaw Malinowskis "Argonauts of the Western Pacific". Die Einleitung des Buches enthält Aussagen zur Methode der Feldforschung, die in der Ethnologie nach wie vor von Bedeutung sind.[16] Um den Unterschied zwischen den verschiedenen Arten von Exzerpten zu verdeutlichen, werden auf den nächsten Seiten ein "allgemeines Exzerpt" und ein "gezieltes Exzerpt" abgedruckt. Vergleichend zu den auszugsweise wiedergegebenen Exzerpten sollte man das Original lesen, das in jeder ethnologischen Bibliothek vorhanden ist.

Nach der Literaturangabe sollte man die wichtigsten ***Schlagwörter*** notieren, die den Inhalt des Textes und des Exzerptes charakterisieren. Bei einem allgemeinen Auszug sind das in der Regel mehrere. Meist gibt man die Region, das Sachgebiet, die theoretische Ausrichtung oder methodische Besonderheiten an. Verfasst man ein *gezieltes Exzerpt* (s.u.) wird man nur ein oder zwei Schlagwörter auswählen, die möglichst genau den Aspekt wiedergeben, auf den hin man den Text gelesen hat. Unter einem der Schlagwörter wird das Exzerpt in die eigene Ablage eingeordnet (☞ **ABLAGE UND ORDNUNG**).

[16] Malinowski 1961: 1-25.

Allgemeines Exzerpt:

Malinowski, Bronislaw. **1961**: Argonauts of the Western Pacific. (Zuerst 1922). New York.

Wissenschaftsgeschichte — Feldforschung — Tausch — Ozeanien: Trobriand

(1:)
INTRODUCTION: THE SUBJECT, METHOD AND SCOPE OF THIS ENQUIRY
Die meisten Küsten- u. Inselbewohner der Südsee sind gute Seefahrer u. Händler. Es gibt Handelsrouten u. tradierte Tauschbeziehungen innerhalb u. zwischen bestimmten Ethnien.
(2:)
M. verweist auf Mailu (Seligman, Süd-Ost-Küste Neuguineas), die jährliche Handelsreisen durchführten. Ziel der Darst. ist die Beschreibung des ***Kula* (Handelssystem)**, das sich vom östl. Ende Neuguineas zu Louisiaden, Woodlark, Trobriand Inseln u. der d'Entrecasteaux Gruppe bis zum Festland von Neuguinea erstreckt.

II. ABSCHNITT
Vor der Darstellung der Ergebnisse, muss nach M. die **Methode** beschrieben werden. Das erläutert er anhand eines Vergleichs mit den Naturwissenschaften:

> "No one would dream of making an experimental contribution to physical or chemical science, without giving a detailed account of all the arrangements of the experiments; an exact description of the apparatus used; of the manner in which the observations were conducted; of their number; of the length of time devoted to them, and of the degree of approximation with which each measurement was made."

(3:)
M. kritisiert, dass bisher die Methode nicht ausreichend dargestellt wurde, obwohl es bei der **Ethnographie** noch nötiger sei als in den Naturwissenschaften. Es würden "wholesale generalisations" dargestellt, aber nicht die ihnen zugrunde liegenden Methoden. Von wissenschaftlichem Wert seien nur solche Arbeiten, in denen Daten u. ihre Interpretation voneinander zu unterscheiden sind. Ethnologen müssen Datengewinnung u. Quellen genau beschreiben, da sie nicht schriftlich sind (wie in der Geschichtsw.), sondern im Verhalten u. in der Erinnerung von Menschen existieren.

(4:)
III. ABSCHNITT
<erzählerischer Anfang> Der Leser soll sich Einsamkeit, Hoffnungslosigkeit u. Verlorenheit des Ethnographen allein auf einer Insel vorstellen. Wie er dann als Anfänger in die Dörfer geht u. versucht zu arbeiten, ohne zu wissen, wie er sich den Einheimischen gegenüber verhalten soll.
(5:)
Zuerst sah M. sich die Herstellung von Werkzeugen an u. fragte nach deren Namen. Pidgin sei keine geeignete Sprache, um Ideen auszudrücken. <warum?> ***Sprache*** zu Beginn ein Problem, deshalb: Materielle Kultur, Genealogien, Zensus, Pläne u. Verwandtschaftsbezeichnungen aufgenommen. Von "Weißen" seien keine brauchbaren Informationen zu bekommen.
(6:)
Nur wenn man bestimmte **Prinzipien u. Regeln** befolgt, kommt man zu wissenschaftlichen Ergebnissen:
1. Klares wissenschaftliches **Ziel**, Vertrautheit mit moderner Ethnographie
2. Gute **Arbeitsbedingungen**: "that is, in the main, to live without other white men, right among the natives."
3. Anwendung spezieller Methoden

IV. ABSCHNITT : *Proper* ***conditions*** *for ethnographic work*
- Kein Kontakt zu "Weißen", "as close contacts with the natives as possible"

Da bei der Arbeit mit Computern kein Platzmangel herrscht und es leicht ist, geschriebenen Text zu kopieren, kann man das Exzerpt auch kopieren und unter mehreren Schlagwörtern ablegen.

Zitate sollte man wie auch später im eigenen Text engzeilig schreiben. Man muss sie mit Anführungszeichen abgrenzen, damit sie sich vom nicht-wörtlich wiedergegebenen Text unterscheiden. Sie können bereits die Druckformatvorlage bekommen, die auch beim Schreiben von Manuskripten benutzt wird: engzeilig und eingerückt. Sofern man Anführungszeichen verwendet, kann man einzelne Formulierungen des Textes wörtlich wiedergeben, ohne die gesamte Passage zu zitieren (beispielsweise: "*wholesale generalisations*" bei Malinowski auf Seite 2). Im allgemeinen zitiert man wörtlich, wenn die Passage Thesen, Erklärungen oder Definitionen zentraler Begriffe enthält. Überleitungen und Argumentationsketten gibt man möglichst knapp wieder. Bei Kommentaren kann es sich um Verweise auf andere Texte, Fragen, Kritik oder eigene Ideen handeln.

Bei einem "allgemeinen Exzerpt" interessieren meist mehrere verschiedene Fragen:

- Gegenstand des Textes, empirische Ergebnisse,
- Vorgehensweise und Datengewinnung,
- Theoretische Einbindung, Hypothesen, allgemeine Aussagen.

Ganz allgemein wird ein Exzerpt nie sein, denn alle Fragen, die man an einen Text stellt, selbst wenn man ihn ganz erfassen will, sind schon durch die Ausbildung, persönliche Interessen etc. vorgeprägt. Dennoch ist es ein Unterschied, ob man die gesamte Argumentation eines Textes oder nur eine spezielle Frage verfolgt.

Bei einem "***gezielten Exzerpt***" hält man nur die für eine bestimmte Fragestellung relevanten Aussagen sowie den Kontext fest, soweit er für das Verständnis notwendig ist. Am Beispiel der Einleitung zu den "Argonauts of the Western Pacific" ist im folgenden die erste Seite des Exzerpts in dieser Weise wiedergegeben. Die Frage an den Text war, was nach Malinowski die ethnologische Feldforschung als wissenschaftliche Methode ausmacht. Ein Vergleich der beiden Exzerpte verdeutlicht die Unterschiede:

Gezieltes Exzerpt:

Malinowski, Bronislaw. **1961**: Argonauts of the Western Pacific. (Zuerst 1922). New York.

Wissenschaftsgeschichte — Feldforschung

(1:)
INTRODUCTION: THE SUBJECT, METHOD AND SCOPE OF THIS ENQUIRY
(2:)
II. ABSCHNITT
Vor der Darstellung der Ergebnisse, muss nach M. die **Methode** beschrieben werden. Das erläutert er anhand eines Vergleichs mit den Naturwissenschaften:

> "No one would dream of making an experimental contribution to physical or chemical science, without giving a detailed account of all the arrangements of the experiments; an exact description of the apparatus used; of the manner in which the observations were conducted; of their number; of the length of time devoted to them, and of the degree of approximation with which each measurement was made."

(3:)
M. kritisiert, dass bisher die Methode nicht ausreichend diskutiert wurde, obwohl es bei der **Ethnographie** noch nötiger sei als in den Naturwissenschaften. Es würden "wholesale generalisations" dargestellt, aber nicht die ihnen zugrunde liegenden Erfahrungen. Von wissenschaftlichem Wert seien nur solche Arbeiten, in denen Daten u. ihre Interpretation voneinander zu unterscheiden seien. Ethnologen müssen Datengewinnung u. Quellen genau beschreiben, da sie nicht schriftlich sind (wie in der Geschichtsw.), sondern im Verhalten u. in der Erinnerung von Menschen existieren.

(4:)
III. ABSCHNITT
<erzählerischer Anfang> Der Leser soll sich Einsamkeit, Hoffnungslosigkeit u. Verlorenheit des Ethnographen allein auf einer Insel vorstellen. Wie er dann als Anfänger in die Dörfer geht u. versucht zu arbeiten, ohne zu wissen, wie er sich den Einheimischen gegenüber verhalten soll.
(5:)
Sprache zu Beginn ein Problem, deshalb: Materielle Kultur, Genealogien, Zensus, Pläne u. Verwandtschaftsbezeichnungen aufgenommen. Von "Weißen" seien keine brauchbaren Informationen zu bekommen.
(6:)
Nur wenn man bestimmten **Prinzipien u. Regeln** folgt, kommt man zu wissenschaftlichen Ergebnissen:
1. Klares *wissenschaftliches Ziel*, Vertrautheit mit moderner Ethnographie
2. Gute *Arbeitsbedingungen*: "that is, in the main, to live without other white men, right among the natives."
3. Anwendung *spezieller Methoden*

IV. ABSCHNITT : *Proper* ***conditions*** *for ethnographic work*
• Kein Kontakt zu "Weißen", "as close contacts with the natives as possible", d.h. Leben *im* Dorf
(7:)
• Das Leben im Dorf wird mit der Zeit normal/zur Gewohnheit für beide Seiten
(8:)
• Alles Wichtige passiert vor den Augen des Ethnographen u. muss *sofort* untersucht werden
• Erlernen des richtigen Verhaltens i.d. fremden Kultur
(9:)
• Aktiv Methoden auswählen und anwenden, um Theorien u. Hypothesen zu überprüfen

Ein gezieltes Exzerpt enthält also bezogen auf den gesamten Text sehr viel weniger Auszüge als ein allgemeines. Auf den ersten zehn Seiten findet man bei Malinowski auf die eingangs formulierte Fragestellung folgende Antworten, wie man sie etwa in einem Referat über die ethnologische Methode der Feldforschung zusammenfassen würde:

Malinowski formulierte in Anlehnung an naturwissenschaftliche Vorgehensweisen Methoden und Regeln der ethnographischen Feldforschung besonders klar in seiner Einleitung zu "Argonauts of the Western Pacific" (1966, zuerst 1922). Er schrieb, vor der Forschung solle der Ethnologe aufgrund der Kenntnis des derzeitigen Forschungsstandes und der wissenschaftlichen Diskussion theorieorientiert ein klares wissenschaftliches Ziel formulieren (ebd.: 6). Die Methoden müssten den zu überprüfenden Theorien und Hypothesen entsprechend ausgewählt werden (ebd.: 9).
Der Ethnologe müsse ideale Arbeitsbedingungen schaffen, das heißt nach Malinowski, er solle in der einheimischen Sprache arbeiten und sich nur auf die Aussagen der Einheimischen und nicht auf die von anderen Europäern verlassen (ebd.: 5). Der Ethnograph solle mit den Einheimischen in einem ihrer Dörfer leben und so engen Kontakt wie möglich zu ihnen pflegen (ebd.: 6). So erlerne er durch Gewöhnung das richtige Verhalten in der fremden Kultur und auch für die Einheimischen werde seine Anwesenheit nach einiger Zeit "normal" (ebd.: 7, 8). Alles wichtige passiert um den Ethnologen herum und sollte sofort von ihm untersucht werden (ebd.: 8).
Malinowski fordert, dass die Methoden der Datengewinnung bei der Veröffentlichung der Ergebnisse ebenfalls ausführlich dargestellt werden (ebd.: 2, 3). In der Darstellung der Ergebnisse solle auch eine deutliche Unterscheidung zwischen Daten und deren Interpretation gemacht werden (ebd.: 3). Er geht nicht auf das Problem ein, dass es in manchen Fällen schwierig ist, Interpretation und Daten voneinander zu trennen.

Es hat sich als nützlich erwiesen, am Ende eines Exzerptes noch eine allgemeine bewertende *Zusammenfassung* hinzuzufügen, die auf Einzelheiten nicht mehr eingeht, sondern nur die Gesamtargumentation des Textes wiedergibt und kommentiert.

Um Exzerpte knapp und dennoch verständlich zu halten, ist es vorteilhaft, sich ein eigenes *Abkürzungsverzeichnis* anzulegen. Den Autorennamen kann man gewöhnlich mit dem Anfangsbuchstaben abkürzen und andere übliche Kürzel, wie Bsp. (Beispiel), Vgl. (Vergleich), S. (Seite), s. (siehe) usw. verwenden. Alle weniger gängigen Abkürzungen (beispielsweise: Fefo = Feldforschung, Verw. = Verwandtschaft, etc.) sollte man nach Bedarf zusammenstellen, festhalten und einheitlich verwenden.

Kann man sehr wichtige Quellen nicht ausleihen und muss sie womöglich noch unter Zeitdruck gründlich durcharbeiten, etwa wenn man in begrenzter Zeit im Ausland Bibliotheken und Archive nutzt, kann man mit einem Diktiergerät oder kleinen Kassettenrecorder arbeiten. Denn sprechen geht schneller als schreiben. Aber auch hier sollte man die oben genannten Prinzipien auf jeden Fall beachten: Beginn und Ende eines wörtlichen Zitats müssen gekennzeichnet, die Seitenzahl sowie die genaue Quellenangabe dürfen nicht vergessen und ein eigener Kommentar muss deutlich von der Meinung des Autors unterschieden werden. Die Schreibarbeit wird einem in diesem Fall nicht abgenommen, sondern nur aufgeschoben, denn auch das Transkribieren (Umschreiben) von mündlichen Exzerpten ist mühsam. Man sollte möglichst ein Aufnahmegerät verwenden, zu dem es auch ein entsprechendes Transkribiergerät (ein Wiedergabegerät mit Fußschaltung) gibt.

Manche Autoren empfehlen, Exzerpte auf DIN A 5- oder DIN A 6-Karteikarten zu schreiben, um sie dann in Karteikästen oder Hängeregistern einzuordnen. Blätter im DIN A 4-Format sind jedoch besser, da sie sich in Ordnern Platz sparend abheften lassen und Exzerpte meist umfangreicher sind. Ein DIN A 5- oder DIN A 6-Format wäre dafür zu klein. Da heutzutage jedoch ohnehin meist Computer verwendet werden, ist es günstig, zu einem Thema jeweils eine eigene Exzerpt-Datei anzulegen und die Seiten im jeweiligen Schreibprogramm als DIN A 4-Seite einzurichten, so dass man sie, während man an einem Thema arbeitet, in dieser Form auch ausdrucken und abheften kann.

7. Paraphrasieren

Noch eine Warnung, die für alle Exzerpte gilt: Das Exzerpt soll eine *Paraphrase* des Textes darstellen, den man exzerpiert, eine Umschreibung in eigenen Formulierungen. Dem Exzerpieren geht also nach dem Lesen das *Verstehen* voraus. Je weniger vertraut man mit dem Gegenstand ist, um so näher am Text bleibt man beim Exzerpieren. Und hier liegt die Gefahr. Oft ist das Exzerpt fast wörtlich ein Teil des Textes, ohne als *Zitat* (mit Anführungsstrichen) gekennzeichnet zu sein. Ganz besonders leicht geschieht das bei Exzerpten aus fremdsprachigen Texten. Hier ist der Auszug oft nur noch eine Übersetzung. Formuliert man dann den eigenen Text, etwa ein schriftliches Referat oder eine Prüfungsarbeit, dann entsteht nicht mehr als eine Aneinanderreihung von lauter Sätzen, die wörtlich so in den Quellen stehen. Das kann geschehen, ohne dass man es bemerkt. Am Ende kommt ein ***Plagiat*** heraus: Die Worte Malinowskis als Text Max Maiers. Und das ist ein böser Verstoß gegen wissenschaftliches Ethos. Im Falle einer Prüfungsarbeit würde es zur Vermutung des Plagiats und damit zur Ablehnung führen. Fazit: Exzerpieren möglichst in eigenen Formulierungen, umschreibend, nicht wiederholend!

8. Weiterarbeit

Bleibt eine letzte Warnung: Exzerpte sind die *Grundlage für die weitere Arbeit* in einem mehrstufigen Prozess bis hin zu Vorträgen oder schriftlichen Arbeiten. Die Grundlage! Mit ihnen wird also weitergearbeitet. Aus ihnen stellt man erst die Vortragsskripten oder Manuskripte her. Es gibt Studierende, die meinen, mit dem Exzerpt sei es getan, und es direkt als Vorlage für ein mündliches Referat benutzen. Man sollte das besser nicht versuchen. (☞ **VORTRAG UND DISKUSSION**, ☞ **TEXTE UND MANUSKRIPTE**).

Kapitel 4: Ablage und Ordnung

1. Vom Zweck der Ordnung

"Wer Ordnung hält, ist bloß zu faul zum Suchen". Ein Pappschild mit diesem Spruch über dem Schreibtisch drückt eines aus: Ordnung spart Arbeit. Der Vorschlag, Ordnung zu halten, sollte an die angeborene Faulheit aller Menschen appellieren und damit einsehbar sein. Es ist übrigens nicht nur Zeit, die man durch Ordnung einspart, es ist Ärger, den man vermeidet (weil man wieder etwas verbummelt hat), Nerven, die geschont werden und Probleme, die man sich erspart. Der eindrucksvoll überladene Schreibtisch des Überarbeiteten ist eher Ausdruck von organisatorischer Unfähigkeit als Ausdruck von Bedeutung, wie manche offenbar annehmen.

2. Ablage traditionell

Im Verlauf des Studiums sammelt sich eine ganz Menge Material an. Da sind die vielen Papiere, die man aus Lehrveranstaltungen mitnimmt, Literaturlisten und Thesenpapiere, Handouts jeder Art und eigene Notizen; dann die Kopien, die man selbst herstellt; die Landkarten, Fotos, Zeitungsausschnitte; graue Literatur wie Flugblätter oder Plakate, Preislisten oder Kataloge. Mit dem Computer erspart man sich einiges an Papier, wird aber immer noch vieles auch ausdrucken: Protokolle und Exzerpte, Literaturlisten und Referate, Entwürfe und Vortragsskripten. Schließlich kommen andere Dinge hinzu, von Dias und Negativen über Filme, Tonbänder und Kassetten bis zu CDs. Dabei ist gar nicht der private "Müll" gemeint, sondern nur das, was mit Studium und Beruf zu tun hat. Schließlich müssen auch auf Festplatte oder externer Festplatte, auf Disketten und CD-ROMs die Dinge irgendwie geordnet werden.

Es gibt keinen vernünftigen Grund, weshalb Studierende oder Wissenschaftler ihre Papiere und anderen Arbeitsmaterialien schlechter oder dümmer ordnen sollten als jedes Büro, jede Verwaltung. Man sollte sich gleich zu Anfang des Studiums sowohl über die materiellen Möglichkeiten der ***Ablage*** als auch über Systeme der Ordnung Gedanken machen. Ein Blick in ein Geschäft für Büromaterialien kann da helfen. Die "altmodischen" (vor-Computer-) Möglichkeiten der Ablage sind noch keineswegs "out", wie die Aufzählung der vielen Papiere im vorigen Absatz deutlich macht. Sie werden noch für einige Zeit notwendig bleiben. Zur Grundausstattung sollten gehören:

- Aktenordner DIN A4 mit Register: sind unabdingbar;
- Ordnungskästen für DIN A4-Materialien: zur Aufbewahrung von Papieren, die nicht gelocht werden sollen;
- Karteikarten DIN A7 und Karteikasten: für Literaturkartei; sie werden überflüssig bei Benutzung eines Computers;
- Behälter für Kassetten, Disketten, CDs, CD-ROMs, Dias, die erst im Laufe der Zeit notwendig werden;
- Computer und Drucker.

Die schlechteste Möglichkeit der Ordnung ist die, Blätter, Mappen, geheftete Papiere und Plastikhüllen aufeinander zu stapeln und zu hoffen, dass man sie schon auseinanderfischen wird, wenn man etwas sucht. Einhängeordner oder Plastikhüllen zum Einlegen in Aktenordner sind praktischer. Die folgenden beiden Seiten sollen traditionelle Möglichkeiten der Ablage verdeutlichen, die immerhin lange Zeit Grundlage für Wissenschaftler und wissenschaftliche Leistungen gewesen sind. Die Prinzipien des Ordnens gelten auch heute im Zeitalter des Computers noch.

Zunächst ein Blick auf die ***Karteikarten*** der Abbildung auf der nächsten Seite. Sie sollen das Vorgehen beim Notieren von Literaturangaben und schließlich bei der Anlage einer Literaturkartei verdeutlichen. Es sind jeweils Karteikarten DIN A 7. Als Beispiel dient wieder Bronislaw Malinowskis "Argonauts of the Western Pacific":

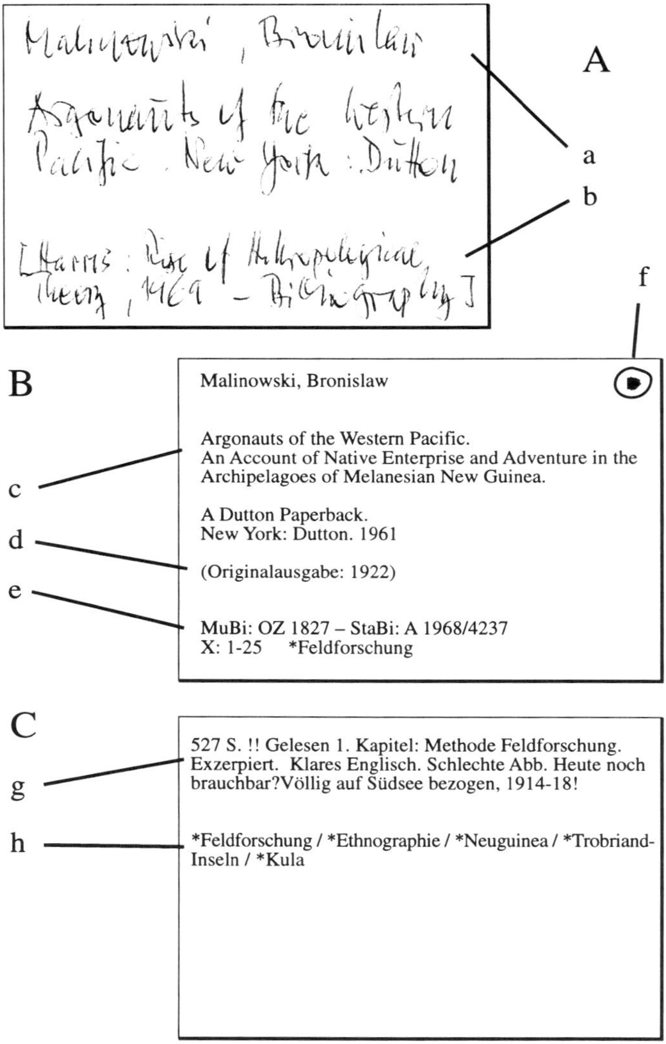
A
Malinowski, Bronislaw
Argonauts of the Western Pacific. New York: Dutton
[Harris: Rise of Anthropological Theory, 1969 – Bibliography]
a
b
f
B
Malinowski, Bronislaw
Argonauts of the Western Pacific.
An Account of Native Enterprise and Adventure in the Archipelagoes of Melanesian New Guinea.
A Dutton Paperback.
New York: Dutton. 1961
(Originalausgabe: 1922)
MuBi: OZ 1827 – StaBi: A 1968/4237
X: 1-25 *Feldforschung
c
d
e
C
527 S. !! Gelesen 1. Kapitel: Methode Feldforschung. Exzerpiert. Klares Englisch. Schlechte Abb. Heute noch brauchbar?Völlig auf Südsee bezogen, 1914-18!
*Feldforschung / *Ethnographie / *Neuguinea / *Trobriand-Inseln / *Kula
g
h

Im ersten Schritt wird man den irgendwo gefundenen Literaturhinweis handschriftlich notieren (**A**). Wichtig ist dabei, dass man nicht nur die eigentliche Literaturangabe hinschreibt (a), sondern auch notiert, wo man sie gefunden hat (b). In diesem Falle stammt sie aus der Bibliographie einer Geschichte der Ethnologie (Marvin Harris, "The Rise of Anthropological Theory", 1969). Man wird gewöhnlich etwas verkürzt notieren, wenn man dieses Buch schon kennt. – Wozu diese Information? Für ein so bekanntes Buch wie Malinowskis "Argonauts" wird das nicht nötig sein. Aber bei ungewöhnlicheren Angaben und nicht in Zentralkatalogen verzeichneten Büchern verlangen Bibliotheken meist die Quelle für die Literaturangabe, ehe sie per Fernleihe danach zu suchen bereit sind. Es kommt zudem durchaus vor, dass man etwas falsch notiert hat und deshalb noch einmal kontrollieren will. – So weit wird man auch dann wohl noch Karteikarten verwenden, wenn man den Rest im Computer schreibt.

Das, was man dann "ins Reine" schreibt, wenn man das Buch tatsächlich in der Hand hatte, ist auf einer zweiten Karteikarte mit Vorder- und Rückseite dargestellt. Wieder sollte man (**B**) nicht nur die vollständige Literaturangabe (c) und eventuell Originaltitel oder -ausgabe verzeichnen (d), sondern auch (e) Standort (also die Bibliothek) und Signatur des Buches. Man sollte notieren, ob man etwas kopiert oder exzerpiert hat und zu welchem Thema. In unserem Beispiel sind das (zur Illustration erfunden) die Museumsbibliothek (MuBi) und die Staatsbibliothek (StaBi) mit jeweiligen Signaturen, X für "kopiert" und "*Feldforschung" als Angabe des Themenbereichs der Ablage. Rechts oben auf der Karte (f) kann man noch durch Symbole angeben, ob das Buch nichts, wenig an Informationen oder sehr viel erbracht hat. Auf der Rückseite (**C**) kann man denn weiterhin kurze Kommentare machen (g) und die Stichwörter verzeichnen, zu denen etwas zu finden ist (h).

Die nächste Abbildung soll auf die Möglichkeiten der Anlage einer ***Literaturkartei*** hinweisen. Diese kann von vornherein nach Sachgebieten geordnet werden (hier "Afrika" oder "Feldforschung"). Sie kann aber auch einfach alphabetisch geordnet werden. Die meisten Bücher enthalten Informationen zu mehr als einem Sachbereich. Deshalb braucht man so etwas wie einen Index, alphabetisch geordnete ***Indexkarten*** (hier zu "Residenz, postnuptiale" und "Feldforschung"), auf denen man auf die Arbeiten in der alphabetisch geordneten Literaturkartei verweist. – Im Prinzip sieht es dann im ***Computer*** nicht anders aus.

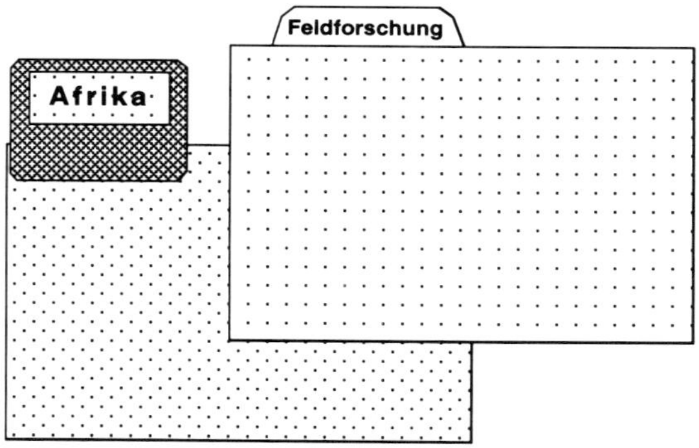
Feldforschung
Afrika

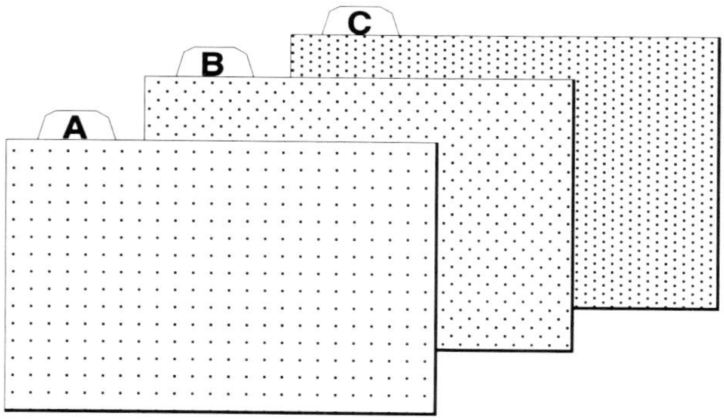
C
B
A

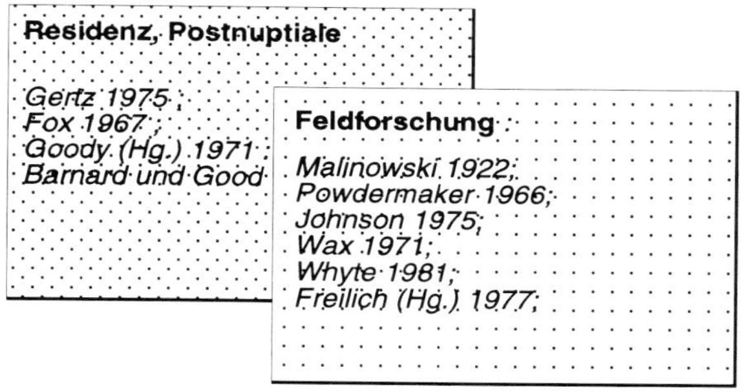
Residenz, Postnuptiale
Gertz 1975 ;
Fox 1967 ;
Goody (Hg.) 1971 ;
Barnard und Good
Feldforschung
Malinowski 1922;
Powdermaker 1966;
Johnson 1975;
Wax 1971;
Whyte 1981;
Freilich (Hg.) 1977;

3. Ordnungssysteme

Wie immer man seine Materialien auch ablegt, nach dem ersten Semester, in dem man vielleicht willkürlich alles aufeinanderstapelt (oder der Reihe nach im Ordner abheftet), braucht man ein *Ordnungssystem*, Prinzipien der Ordnung, die der Sache angemessen sind. Das setzt aber wohl zum Ersten einige leidvolle Erfahrungen mit Chaos und Nichtwiederfinden voraus und zum Zweiten einige Kenntnisse des Bereiches, in dem man ordnen will; in unserem Beispiel Kenntnisse über die Sachbereiche der Ethnologie. Ein Blick in eine Einführung oder ein Handbuch hilft hier ebenso wie Kenntnis der Gliederung von Fachbibliotheken. Wer Beispiele für ganz ausgefeilte Ordnungen in der Ethnologie sucht, der sei auf "Outline of Cultural Materials" und "Outline of World Cultures" verwiesen.[17]

Die weitergehenden Prinzipien der Ordnung sind aber individuell sehr unterschiedlich. Sie hängen ab von der jeweiligen Fächerkombination, den Schwerpunkten des Instituts, dem Lehrangebot, den eigenen Interessen und Studien-Schwerpunkten. Wichtig ist nur, *dass* man ein Ordnungssystem entwickelt, mit dem man schnell und ohne Aufwand findet, was man sucht.

Und noch ein Hinweis: Zu Ablage und Ordnung gehört auch das ***Wegwerfen*** des Überflüssigen. Hamstermentalität ist keineswegs eine wissenschaftliche Qualität, auch wenn sie Museumsethnologen manchmal nachgesagt wird.

4. Ablage im Computer

Die für den *Computer* verwendeten Ordnungsprinzipien sind nicht anders als die für Karteien und Hefter bzw. Ordner. Beschriftungen und Verzeichnisse müssen ebenso sorgfältig und genau angelegt werden wie bei einer "traditionellen Ablage". Nur so ist gewährleistet, dass man auch wirklich findet, was man vor längerer Zeit eingeordnet hat. Statt realer Ordner benutzt man im Computer jedoch Ordner auf dem "Schreibtisch" des Computers, in die verschiedene Dokumente (oder Dateien) einsortiert werden, wie auf der nächsten Seite abgebildet.

Das ist das Bild, das man auf einem Macintosh vor sich hat. Bei anderer Hard- und Software sieht es anders aus, bildet aber im Prinzip dasselbe ab. In den ersten Semestern könnten Studierende zunächst in verschiedenen Ordnern die Bereiche ihres täglichen Lebens und den des Stu-

---

[17] Murdock et al. 1961; Murdock 1972.

diums trennen, danach die Studienfächer (z.B. Ethnologie – Geographie – Volkskunde) und innerhalb der Studienfächer die Teilbereiche des jeweiligen Studienfaches. Das wird zunächst noch nicht ganz systematisch sein, weil Lehrveranstaltungen nicht regelmäßig jedes Semester und deshalb nicht in völlig systematischer Ordnung angeboten werden. Die hier exemplarisch angegebenen (und so vielleicht zufällig im ersten Semester angebotenen) Themen Verwandtschaft – Wissenschaftstheorie – Quellenkritik – Ethnographie Australiens werden eigene Ordner erhalten, in denen sich die einzelnen Dokumente befinden. Diese sind dann etwa die Teilbereiche von "Verwandtschaft" (Deszendenz – Heirat – Residenz – Adoption). Im Laufe des Studiums werden neue Sachbereiche dazukommen, die Zuordnung zu bereits vorhandenen und die Ordnung insgesamt wird sich ändern und sollte auch systematisch geändert werden.

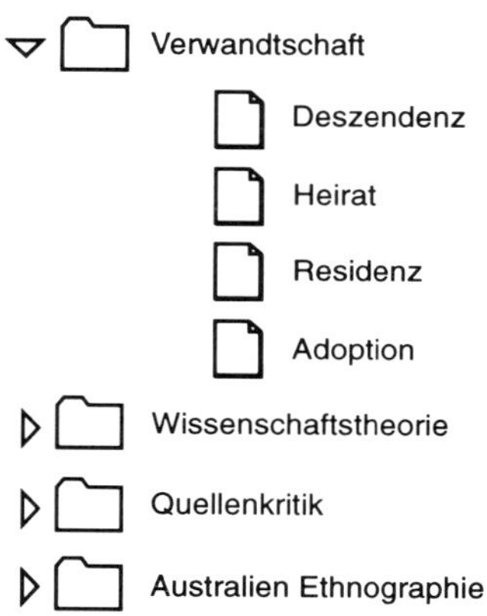

Einer der großen Vorteile des Computers ist, dass er Platz sparend ist. Leicht sammeln sich aus Mitschriften, Exzerpten und Manuskripten große Papiermengen an, die man irgendwo aufbewahren müsste. Die Festplatte des Computers sowie Disketten brauchen dagegen nur wenig Platz und fassen ein Vielfaches an Datenmengen. Ein weiterer Vorteil ist, dass alle benötigten Daten im Arbeitsprozess schnell zu finden und einfach parallel zu verwenden sind. Schreibt man zu einem bestimmten Thema mit dem Computer, kann man zum Beispiel gleichzeitig die Datei mit den entsprechenden Exzerpten und die mit den jeweiligen Literaturangaben öffnen und ansehen. Hilfreich ist auch die Möglichkeit, Daten zu kopieren und an anderer Stelle einzufügen: Gehört ein Exzerpt etwa unter zwei verschiedene Schlagwörter oder Themenbereiche, kann man es mühelos "kopieren" und in zwei Ordnern oder Dokumenten ablegen, ohne mehr Platz zu verbrauchen.

Speichert man alle Texte, Exzerpte, Literaturangaben, Mitschriften etc. auf der Festplatte oder auf Disketten, ist man von deren Funktionieren allerdings völlig abhängig. Deshalb sind noch einige Hinweise zu Sicherheits- und Ordnungsprinzipien wichtig:

- Daten sollten nie nur auf der Festplatte, sondern auch auf Disketten, besser noch auf einer zweiten externen Festplatte gespeichert werden. Speichert man sie auf Disketten, ist es sogar ratsam, zwei Sicherungskopien anzufertigen. Auch für die verwendeten Programme muss man Sicherungskopien aufbewahren.

- Man sollte es sich zur Gewohnheit machen, Sicherungskopien regelmäßig entweder sofort nach Veränderung eines Dokuments oder in gleichmäßigen, nicht allzu langen Abständen anzufertigen.

- Disketten sollten nicht länger als zwei Jahre benutzt werden, deshalb sollten Monat und Jahr immer auf dem Disketten-Etikett oder in einem separaten Verzeichnis notiert werden.

- Etiketten nicht mit Kugelschreiber beschriften, wenn sie schon auf der Diskette kleben. Am besten vorher beschriften oder Filzstift verwenden.

- Viren (zerstörerische Programme, die unsichtbar auf Datenträger gelangen) stellen eine besondere Gefahr für all diejenigen dar, die Disketten austauschen oder mit eigenen Disketten etwa an Rechnern der jeweiligen Universität arbeiten. Man sollte sich nach den neuesten Virenschutz-Programmen erkundigen und eines auf dem eigenen Computer installieren.

Mit einem der gängigen Schreibprogramme lassen sich die meisten Anforderungen an wissenschaftliche Arbeiten während des Studiums problemlos bewältigen. Deshalb sollte man auch mit einem Schreibprogramm beginnen und das zunächst genau kennen lernen. Darüber hinaus gibt es für zusätzliche Anforderungen eine Fülle weiterer Programme, etwa Datenbankprogramme, mit denen man Karteien erstellen kann. Sie sind nützlich für:

- die Anlage und Verwaltung einer Literaturkartei,
- Adresskarteien und
- Exzerpt- oder Schlagwortkarteien.

Die einzelnen "Karten" können mit solchen Datenprogrammen innerhalb der verschiedenen Karteien beliebig sortiert bzw. aufgelistet und verschiedene Dateien miteinander verknüpft werden. Die Anlage einer Datenbank ist eine einmalige Angelegenheit. Spätere Änderungen bringen häufig Probleme mit sich. Es ist also notwendig, sich das eigene Ordnungssystem sehr genau zu überlegen, *bevor* man sich festlegt.

Datenbankprogramme sind allerdings nicht unbedingt notwendig, und häufig kann es auch zu Problemen kommen, wenn man etwa eine Literaturliste, die in der Datenbank erstellt wurde, einem im Textverarbeitungsprogramm geschriebenen Text anhängen will. Man sollte sich zunächst informieren, ob der Ex- bzw. Import (Datenaustausch) zu den bisher benutzten Programmen problemlos funktioniert. Dasselbe gilt für Zeichen- und Datenauswertungsprogramme.

Die Auswahl von Programmen hängt auch von der Leistung des eigenen Computers, den eigenen Bedürfnissen und Vorkenntnissen ab. Man sollte sich von Kommilitonen, die schon länger mit den jeweiligen Programmen arbeiten, Vor- und Nachteile erklären lassen und Programme möglichst selbst ausprobieren, bevor man sich für deren Verwendung entscheidet.

Zur Literatur: Wenn es um die Verwendung von Computern für die Text- oder Datenverarbeitung geht, sind Bücher schnell veraltet. Es ist also sinnvoll, entweder nach Neuerscheinungen oder nach Neuauflagen der hier angegebenen Titel zu suchen. Es sind: Hoppe und Kuhl 1996; Kammer 1997; Mocker, Mocker und Werner 1993; Sesink 2000. Eventuell bekommt man auch im Rechenzentrum der eigenen Universität Informationsmaterial oder die Möglichkeit, an Einführungsveranstaltungen teilzunehmen.

Kapitel 5: Literatur im Fach

1. Quellen
2. Arten von Literatur
3. Bücher
4. Periodika

1. Quellen

Wissenschaftliche Disziplinen – Ethnologie, Volkskunde, Soziologie, etc. – unterscheiden sich nach Gegenstand, Fragestellung, Theorien und Methoden, sie unterscheiden sich zum Teil aber auch nach den genutzten Quellen. Das Wort "Quelle" muss zunächst allerdings geklärt werden. Erstaunlich ist, dass es sich weder in philosophischen, noch soziologischen, politologischen oder volkskundlichen Wörterbüchern findet. Auch in ethnologischen nur in einem einzigen – und da stammt der Eintrag "Quellen, ethnologische" von einem der Verfasser des vorliegenden Bandes.[18] Dagegen findet sich in allen geschichtswissenschaftlichen Handbüchern das Stichwort. Hier ein solcher Eintrag:[19]

> **Quelle,** allg. für Ursprung, Herkunft; Belegstelle, schriftl. Dokument u.a.; Zeugnis (Überrest) aus der Vergangenheit – **Geschichtswissenschaft:** "Histor. Material", das Aufschluß über die Vergangenheit ermöglicht. Die *Qu. kunde* unterscheidet Gegenstände (z.B. Bauwerke, Gräber, Münzen), Tatsachen (z.B. Recht, Sprache, Zeitrechnung) und Texte ...

Haben sich Ethnologen mit der Bestimmung dessen, was "Quellen" sind, auch kaum beschäftigt, so doch immerhin – wieder nach dem Vorbild der Historiker – mit der Frage, wie man mit Quellen umgeht, wie man sie beurteilt und bewertet, mit "Quellenkritik".[20] Sie wird den Techniken wissenschaftlichen Arbeitens nicht zugerechnet, sollte aber zur Grundausbildung jedes Studierenden gehören. Hier nur eine kurze Verständigung darüber, was "Quelle" im vorliegenden Zusammenhang bedeuten soll. Nach dem Vorbild des Sprachgebrauchs der Historiker war

---

[18] Fischer 1999.

[19] Meyers Taschenlexikon Geschichte 1982.

[20] Siehe etwa Jones 1999.

unter "Quellen" in der Ethnologie bisher alles verstanden worden, "was ... Auskunft über (eine) Kultur gibt".[21] Das ist zwar nicht falsch, das Wort soll hier aber in einer allgemeineren Bedeutung gebraucht werden, wie es tatsächlich auch ständig in der Wissenschaft verwendet wird.

Man fragt, was denn die "Quelle für eine Behauptung" oder eine Aussage sei, welche Quellen man für eine Veröffentlichung benutzt habe, wie die Quellenlage sei, und man spricht von "Quellenangabe". Kurz, *unter "Quelle" wird hier alles verstanden, was Grundlage für eine wissenschaftliche Aussage ist.* Dabei ist es gleichgültig, ob es eine Aussage über die Kultur einer menschlichen Gemeinschaft ist, Informationen zur Biographie eines Ethnologen, Überlegungen zur Methodik der Feldforschung oder Behauptungen über Entwicklungen im Fach: Immer muss man sie mit Quellenangaben belegen.

Nun wurde aus dem Zitat oben schon deutlich, dass "Quellen" sehr unterschiedlicher Art sein können. Das gilt auch in der Ethnologie. Zur Darstellung einer Kultur beziehen wir uns auf Masken, Äxte und andere Objekte in Museen, auf Filme und Tonbandaufnahmen, Videokassetten und Dias, Rohmaterialien und Modelle, am häufigsten aber auf schriftliche Materialien, auf gedruckte Texte, auf "Literatur". Da diese Einführung für Studierende der unteren Semester gedacht ist, können wir uns auch fast völlig auf Literatur beschränken. Die anderen Quellenarten werden nur selten und nur ergänzend während des Studiums von den Studierenden selbst genutzt. Anders die Lehrenden: Sie verwenden gewöhnlich mindestens Dias und Filme, häufiger Videokassetten und auch Objekte aus Museen und Sammlungen zur Illustration in Vorlesungen, Vorträgen und Übungen.

2. Arten von Literatur

Für Studierende ist es wichtig, sich einen Überblick über die Arten von Literatur zu verschaffen, die man nutzen kann und muss. Es geht um die Literatur, die man für Referate und Hausarbeiten, für Prüfungsarbeiten und Vorträge und später für Forschungsarbeiten und im Medienbereich verwendet. Die folgende Tabelle stellt zunächst die üblichen formalen Kategorien zusammen, die nicht unbedingt logisch sind, aber traditionell so benannt werden.

---

[21] Fischer 1999.

In der folgenden Tabelle sind in den Spalten 1-3 von links nach rechts jeweils Unterarten der vorhergehenden dargestellt (Bücher – Monographien – Ethnographien), Spalte 4 erläutert die jeweilige Zeile, also "Monographien", "Sammelbände", etc.).

Literaturarten

1	2	3	4
Bücher	Monographien	Ethnographien Biographien Verbreitungsstudien Theoretische Arbeiten	Einzelpublikationen. Darstellung eines Gegenstandes durch einen oder mehrere Verfasser gemeinsam
	Sammelbände	Festschriften Handbücher Themenbände Tagungsbände Reader	Einzelpublikationen. Darstellungen mehrerer Verfasser oder unterschiedlicher Themen eines Verfassers
	Verzeichnisse	Bibliographien Wörterbücher Lexika Enzyklopädien Institutionen-Personen-Verzeichnisse Kataloge	Listenform, alphabetische oder sachliche Ordnung, keine durchgehenden Texte
	Reihen und Serien		Monographien, Sammelbände oder Verzeichnisse zu einem Thema oder aus einer Quelle
	Periodika	Jahrbücher Zeitschriften Kalender	Periodisch erscheinende Publikationen mit Beiträgen mehrerer Verfasser
Graue Literatur	Flugblätter Faltblätter Broschüren Kataloge		
Unveröffentlichte Materialien	Briefe Manuskripte Akten Prüfungsarbeiten		

Eine erste Unterscheidung ist die nach ***gedruckt*** oder ***ungedruckt***. Mit ungedruckten Materialien (also handschriftlich, maschinenschriftlich, nur einmal ausgedruckt oder in kleiner Auflage vervielfältigt, etwa mit Wachs- oder Karbon-Matrize, mit Kopierer) wird man in den ersten Semestern des Studiums nicht viel zu tun haben. Es sei denn, es handelt sich um Unterrichtsmaterialien, Vorlagen Lehrender oder Studierender. Sie sind als Quellen im Sinne einer wissenschaftlichen Arbeit nicht zu benutzen, "nicht zitierbar" etwa in einem eigenen Referat. Später allerdings können solche Quellen sehr wertvoll werden: hinterlassene Aufzeichnungen eines Missionars, Tagebücher eines Kolonialbeamten, ein Buchmanuskript.

Es gibt deutliche Überschneidungen von "gedruckt / ungedruckt" mit der zweiten Unterscheidung in ***veröffentlicht*** (publiziert) oder ***unveröffentlicht*** (unpubliziert). Denn schon manche wissenschaftliche Arbeit wurde in einer Auflage von etwa 100 Exemplaren nur vervielfältigt. Zum Beispiel das Wörterbuch einer Sprache in Neuguinea, für das es einfach nicht viele Interessenten gibt. Der Unterschied gegenüber einem in niedriger Auflage gedruckten und veröffentlichten Buch liegt vor allem in der Zugänglichkeit über Verlag oder Buchhandel.

In diesem Zusammenhang machen *Prüfungs- und Abschlussarbeiten*, aber auch studentische Hausarbeiten und schriftliche Referate einige Probleme. Von sozusagen "oben nach unten" betrachtet, besteht bei *Habilitationen* und *Dissertationen* (Doktorarbeiten) kein grundsätzliches Problem, ob gedruckt oder ungedruckt. Dass man an sie ebenso wie an andere wissenschaftliche Arbeiten quellenkritisch herangehen muss, versteht sich von selbst. *Magisterarbeiten* aber sollen noch nicht Forschungsqualifikation nachweisen, sondern nur die Fähigkeit, formal wissenschaftlich arbeiten zu können. Also genau die Techniken zu beherrschen, die hier dargestellt werden. Allerdings halten sich Lehrende und Studierende oft nicht an die Vorgaben der Prüfungsordnung und auch Magisterarbeiten erscheinen gelegentlich gedruckt (meist auf eigene Kosten).

In den meisten Institutsbibliotheken stehen gewöhnlich aber auch Exemplare nicht publizierter Magisterarbeiten (und Diplomarbeiten). Studierende neigen dazu, zuerst dort hineinzusehen, um sie als "Vorbilder" für eigene schriftliche Arbeiten zu benutzen. Dabei wird gewöhnlich nicht berücksichtigt, dass es sich um Exemplare ohne die (manchmal umfangreichen) Korrekturen handelt, die Prüfer angebracht haben und ohne die

Gutachten, die dazu erstellt wurden. Man kann auf diese Weise also sehr leicht ein gar nicht vorbildliches "Vorbild" benutzen. Das gilt naturgemäß noch stärker für studentische Arbeiten, die zeitlich davor liegen: Praktikumsberichte, Oberseminar-Referate, Hausarbeiten. Vorbilder sollte man sich lieber auf "höherer" Ebene der ausgebildeten und anerkannten Wissenschaftler suchen.

Man unterscheidet weiter zwischen gedruckten ***Veröffentlichungen***, die für ein allgemeines Publikum gedacht sind, und "***grauer Literatur***", die meist nur einen eingeschränkten Empfängerkreis hat. Rein formal unterscheiden sich die beiden Kategorien dadurch, dass Veröffentlichungen eine ISBN-Nummer haben und über den Buchhandel oder Bibliotheken zu beziehen bzw. zu entleihen sind. ISBN ist die Abkürzung für "International Standard Book Number". Sie wurde 1970 eingeführt und findet sich im Impressum jedes Buches. Studierende werden fast ausschließlich mit solchen Publikationen zu tun haben. Zeitschriften übrigens haben eine ISSN-Nummer (International Standard Serial Number).[22]

"Graue Literatur" hat nicht diesen quasi "offiziellen" Status und ist deshalb auch schwerer zu beschaffen. Sie kann sich an Vereinsmitglieder, Parteimitglieder, Kunden und auch an die allgemeine Öffentlichkeit wenden, kann Information, Werbung, Propaganda oder Belehrung enthalten. Wieder gibt es Überschneidungen, denn auch Parteien, die Deutsche Bahn, Jehovas Zeugen oder Schulen können ganz offizielle Publikationsorgane haben – mit ISBN-Nummer. Graue Literatur ist ganz besonders interessant bei Forschungsvorhaben, weil sie oft viel unkontrollierter oder unbefangener Meinungen und Überzeugungen ausdrückt oder Informationen verbreitet als Publikationen. Dass man sich dem einen wie dem anderen nur mit quellenkritischer Haltung nähern darf, versteht sich von selbst.

4. Bücher

Damit sind wir bei der veröffentlichten Literatur, die man wieder nach einigen Kriterien unterscheidet. *Bücher* sind diese Publikationen (fast) alle. Allerdings pflegt man dünnere Bände als "Hefte" zu bezeichnen. Zeitschriften erscheinen meist in Heften (etwa vierteljährlich) und werden dann in Bibliotheken zu dickeren Bänden (zu einem Jahrgang) zusammengebunden. Dann gibt es da noch die nicht gebundenen "Lose-Blatt-

---

[22] Hacker 1976: 261f.

Sammlungen" – etwa von Gesetzen – die aber in der Ethnologie keine Rolle spielen.

Monographien sind Darstellungen eines Gegenstandes oder Themas. Sie können einen oder mehrere Verfasser haben, so lange diese dann nur gemeinsam als Autoren auf dem Titelblatt erscheinen. Also etwa:

> Walter Schulze, Hans Fischer, Hartmut Lang: Geburt und Tod. Ethnodemographische Probleme, Methoden und Ergebnisse. Berlin: Reimer. 1997.

Der Gegenstand einer Monographie kann sehr eng oder sehr weit sein, das Buch kann das Leben und wissenschaftliche Werk einer einzelnen Person beschreiben (Biographie),[23] eine Familie,[24] ein Dorf (Gemeindestudie)[25] oder die Kultur eines ganzen Volkes (Ethnographie),[26] oder Untersuchungen zur Lebenserwartung in einem Dorf in Neuguinea darstellen, wie die oben angeführte Studie. Monographien sind aber auch Übersichten über die Indianer Amerikas,[27] über Musikinstrumente in der Südsee,[28] oder über die Geschichte der Ethnologie.[29] Allerdings wird in der Ethnologie die Bezeichnung "Monographie" in einem engeren Sinne (als "eine Ethnographie") meist auf Darstellungen der Kultur eines Volkes oder einer Gruppe (häufig "Stammesmonographie") bezogen.

Den Übergang zu ***Sammelbänden*** stellen solche Veröffentlichungen dar, die Arbeiten eines Verfassers zu ganz unterschiedlichen Themen enthalten. Meist handelt es sich dabei um eine Anzahl von Artikeln (Aufsätzen), die in verschiedenen Zeitschriften erschienen sind und nun leichter zugänglich gemacht werden sollen. Hier ist der Verfasser bzw. die Verfasserin das Gemeinsame. Ein Beispiel dafür ist eine solche Sammlung früher Aufsätze Margaret Meads:

---

[23] Etwa über einen der frühesten amerikanischen Theoretiker, Lewis Henry Morgan (Resek 1960) oder über den Berliner Ethnologen Richard Thurnwald (Melk-Koch 1989).

[24] Lewis 1984 über eine mexikanische Familie.

[25] Das vielleicht bekannteste Beispiel hierfür ist Redfields "Tepoztlán" (Redfield 1930).

[26] Ein Klassiker ist "The Nuer", zuerst 1940 erschienen (Evans-Pritchard 1978).

[27] Lindig und Münzel 1981.

[28] Fischer 1958.

[29] Voget 1975.

Margaret Mead: Anthropology. A Human Science. Selected Papers, 1939-1960. Princeton, N.J.: An Insight Book. 1964.

Umgekehrt können Aufsätze oder auch nur Ausschnitte aus Aufsätzen oder Kapitel aus Büchern in dieser Weise zusammengestellt werden, dann aber zu einem bestimmten Thema. Beide Arten von Sammelbänden nennt man ***Reader***. Hier etwa ein solcher Reader, der regional ausgerichtet ist:

Andrew P. Vayda (Hg.): Peoples and Cultures of the Pacific. An Anthropological Reader. Garden City, New York: Published for The American Museum of Natural History. 1968.

Der Unterschied dieses Readers mit insgesamt 24 Artikeln (Kapiteln) zu dem von Margaret Mead besteht zum einen darin, dass einige der Beiträge neu für diesen Band verfasst wurden, zum anderen darin, dass es einen Herausgeber gibt. Dieser Band ist dadurch schon ein sozusagen ganz normaler "Sammelband". Aber man darf sich nicht täuschen: Auch "Reader" mit unterschiedlichen Arbeiten eines Verfassers können einen anderen Herausgeber haben, etwa dann, wenn der Verfasser schon gestorben ist.

Sammelbände erkennt man gewöhnlich daran, dass es einen (oder mehrere) Herausgeber gibt. Die Anlässe und Zielsetzungen sind dabei sehr unterschiedlich. Am häufigsten handelt es sich um abgedruckte ***Vorträge*** zu Tagungen, Symposien, Kongressen oder Vortragsreihen zu bestimmten Themen.[30] Ein zweiter Anlass sind Jubiläen von Institutionen bzw. Ereignissen oder Würdigungen bestimmter Personen, meist zum 65. oder 70. Geburtstag: ***Festschriften***. Diese offenbar ursprünglich deutsche Sitte hat sich so verbreitet, dass das Wort "Festschrift" auch im Englischen gebraucht wird.[31] Eine dritte Kategorie sind ***Handbücher***, die

---

[30] Eines der einflussreichsten Ergebnisse eines solchen Symposiums über Sammler- und Jäger-Völker war "Man the Hunter" (Lee und DeVore, Hg. 1968), dem weitere Symposien und weitere Sammelbände folgten. – Die Vorträge eines internationalen Symposiums zur Würdigung von Leo Frobenius wurden 1974 veröffentlicht (Deutsche UNESCO-Kommission 1974).

[31] Zum fünfzigjährigen Jubiläum der Universität Hamburg: Universität Hamburg 1969; zum hundertjährigen Bestehen der Berliner Gesellschaft für Anthropologie, Ethnologie und Urgeschichte: Pohle und Mahr (Hg.) 1969; Zum 25jährigen Bestehen des Lehrstuhls für Völkerkunde in Köln: Beiträge zur völkerkundlichen Forschung 1965; Thomas Barthel zum 65. Geburtstag: Illius und Laubscher (Hg.) 1990. – Englisch etwa: Padgett und Poguntke (Hg.) 2002.

meist ohne bestimmten Anlass und manchmal für Unterrichtszwecke den Stand der Forschung in einem bestimmten Bereich oder ganzen Fach zusammenfassend darstellen.[32] Dabei ist ein "Handbuch" (Handbook) oft das Gleiche wie eine "Enzyklopädie" (Encyclopedia), die weiter unten behandelt wird. Aber auch zwischen Festschriften, Handbüchern und Sammelbänden zu bestimmten Themen gibt es Übergänge, wie die folgenden Beispiele verdeutlichen. Neben ausdrücklich in Titel oder Untertitel als "Festschrift" bezeichneten Büchern[33] gibt es etwa das "Handbuch der Ethnologie". Dass es ebenfalls eine Festschrift ist, wird erst aus dem Impressum deutlich, wo es heißt: "Festschrift für Ulla Johansen".[34] Noch versteckter ist diese Absicht in einem Sammelband, dem man nur entnehmen kann, dass er für Wolfgang Marschalls 65. Geburtstag und Emeritierung gedacht ist, weil unter einem dem Band vorangestellten Gedicht von Christian Morgenstern steht: "Für Wolfgang Marschall".[35] Solche Versteckspiele haben wohl damit zu tun, dass einige geldgebende Institutionen Festschriften ausdrücklich aus ihrer Förderung ausschließen.

Die möglichen Anlässe und Zielsetzungen für Sammelbände sind damit aber noch lange nicht ausgeschöpft. Auch für den Bereich der Fachgeschichte spielen sie eine Rolle. So gibt es auf Deutsch den von Wolfgang Marschall herausgegebenen Band "Klassiker der Kulturanthropologie", in dem von vierzehn Verfassern Klassiker des Faches von Montaigne bis Margaret Mead vorgestellt werden.[36] Nicht auf Personen, sondern auf wichtigste Veröffentlichungen bezogen sind die von Feest und Kohl herausgegebenen "Hauptwerke der Ethnologie". Diese Hauptwerke werden

---

[32] Eines der letzten wirklich umfassenden Handbücher zur gesamten Ethnologie war: Honigmann (Hg.) 1973; später, aber nicht so gut: Ingold (Hg.) 1994; ein Handbuch aus dem Bereich der interkulturellen Vergleiche ist das von Naroll und Cohen (Hg.) 1970; aus der Soziologie stammt das Handbuch der empirischen Sozialforschung: König (Hg.) 1969-78. Es gibt regionale Handbücher über "Ethnische Gruppen weltweit" (Levinson 1998) oder das 19bändige "Handbook of Middle American Indians" (Wauchope, Hg., 1964-1986). Andere, gleichartige Referenzwerke haben aber weder "Handbook" noch "Encyclopedia" im Titel, etwa "Ethnic Groups of Mainland Southeast Asia" (Lebar, Hickey, Musgrave 1964). Als "Handbücher" werden dagegen auch Nachschlagewerke bezeichnet, die weder Sammelbände sind noch den Stand der Forschung darstellen, etwa das "South Pacific Handbook" (Stanley 1994).

[33] Etwa Koppers (Hg.) 1928.

[34] Schweizer, Schweizer und Kokot (Hg.) 1993.

[35] Beck et al. (Hg.) 2002.

[36] Marschall (Hg.) 1990.

knapp auf jeweils etwa vier Seiten vorgestellt.[37] Um kurze Abschnitte aus Originalarbeiten einer größeren Zahl berühmter Ethnologen handelt es sich dagegen bei dem von Hammel und Simmons herausgegebenen Reader.[38]

Verzeichnisse wird hier alles genannt, was nicht aus durchlaufenden Texten besteht: Bibliographien (Verzeichnisse von Büchern und Aufsätzen), Verzeichnisse von Institutionen und Personen, Kataloge von Museen, aber auch Wörterbücher, Lexika und Enzyklopädien. Solche Verzeichnisse sind Nachschlagewerke, die man ständig nutzt, gewöhnlich aber – mit Ausnahme einiger Wörterbücher – nicht besitzt.

Die Kenntnis und Nutzung von ***Bibliographien*** ist eine unbedingte Notwendigkeit bei der Suche nach Literatur zu bestimmten Themen. "Bibliographie" heißt das Literaturverzeichnis am Ende eines Artikels oder Buches. "Bibliographie" heißen aber auch ganze Bücher, die ausschließlich Literaturverzeichnisse sind. Um diese geht es hier. Es gibt sie für das ganze Fach, und es gibt sie für Teilbereiche. Studierende sollten sich möglichst bald damit vertraut machen, welche in den ihnen zugänglichen Bibliotheken vorhanden sind.

Eine ausführliche Zusammenstellung der für Ethnologen nützlichen Bibliographien findet sich bei Junge und Heidtmann.[39] Man sollte daran denken, dass es auch "Bibliographien von Bibliographien" gibt, also Bibliographien, die wiederum Bibliographien verzeichnen.[40] Es gibt für fast alles Bibliographien - aber eben nur willkürlich für *fast* alles. Ein Nachteil ist, dass spezielle Bibliographien im allgemeinen nicht gerade jedes Jahr erscheinen. Das bedeutet, dass manche schon mehrere Jahrzehnte alt sein können.[41] Die wichtigste regelmäßig erscheinende Bibliographie ist die "International Bibliography of Social and Cultural Anthropology".[42] Ebenfalls einen Überblick über die Literatur des Faches gibt der veröffentlichte Katalog des Peabody Museum of Archaeology and Ethnology

---

37 Feest und Kohl (Hg.) 2001.

38 Hammel und Simmons (Hg.) 1970.

39 Junge und Heidtmann 1989: 105ff; s.a. Brown 1987.

40 Zum Beispiel "A Bibliography of African Bibliographies covering territories South of the Sahara" (South African Library 1961).

41 So ist etwa die letzte allgemeine Ozeanien-Bibliographie von 1965 (Taylor 1965).

42 International Bibliography of Social and Cultural Anthropology. Band 1, 1958. Paris: UNESCO; ab 1963 London, New York: Tavistock.

der Harvard University.[43] Die für das Fach wichtigsten englischsprachigen Bibliographien von Zeitschrifteninhalten sind der "Anthropological Index to Current Periodicals received in the Library of the Royal Anthropological Institute"[44] und "Anthropological Literature"[45].

Eine andere Bedeutung haben ***Verzeichnisse von Institutionen und Personen***, etwa von ethnologischen Instituten und Museen oder von EthnologInnen. Zum einen dienen sie der Kontaktaufnahme zwischen Wissenschaftlern, die über gleiche Probleme und Themen arbeiten, für Studierende dienen sie eventuell auch als Grundlage der Entscheidung für einen Studienort. Zum anderen aber können sie auch – und das trifft besonders für ältere Zusammenstellungen zu – Grundlage für Quellenkritik sein, wenn man dadurch etwa einen Verfasser einer bestimmten theoretischen Ausrichtung oder Forschungsrichtung zuordnen kann. Für den deutschsprachigen Raum gibt es nach vervielfältigten Vorläufern dann seit 1976 von unterschiedlichen Verfassern oder Herausgebern zusammengestellte Verzeichnisse von Ethnologen, Instituten und Museen, die man nutzen kann.[46] Solche Verzeichnisse können nur in gewissen Abständen erscheinen und sind deshalb nicht ganz aktuell. Man muss sie durch neuere Informationen ergänzen, etwa durch Nachrufe (Nekrologe) zu Personen oder Mitteilungen in Zeitschriften oder durch jeweilige Aktualisierungen der Angaben zu Institutionen in den Mitteilungen der Deutschen Gesellschaft für Völkerkunde,[47] die in jeder Institutsbibliothek vorhanden sein sollten.

---

[43] Catalogue of the Tozzer Library of the Peabody Museum of Archaeology and Ethnology. (Authors / Subjects / Index). Band 1, 1963.

[44] [Anthropological] Index to Current Periodicals received in the Library of the Royal Anthropological Institute, Band 1, 1963 [ab Band 6, 1968]. London: Royal Anthropological Institute.

[45] Anthropological Literature. An Index to Periodical Articles and Essays. Band 1, 1979. Pleasantville, N.Y.: Redgrave.

[46] Fischer 1975, 1976; Fischer und Müller-Wille 1977; Prem, Raum und Straube 1977; Köhler 1981, Husmann (Hg.) 1985; Baeck und Husmann (Hg.) 1990; Krickau und Krüger (Hg.) 1993; Krickau (Hg.) 1999. Es gibt auch ein Verzeichnis der schweizer EthnologInnen: Rey (Hg.) 1995. Allgemein zu ethnologischen Vereinigungen, Instituten und Museen: Beer und Fischer 1998. Das beste Lexikon von (meist verstorbenen bedeutenden) Ethnologen ist Winters (Hg.) 1991; siehe außerdem: Duroux 1975; Gacs et al. (Hg.) 1988.

[47] DGV-Mitteilungen, herausgegeben vom Vorstand der Deutschen Gesellschaft für Völkerkunde. Nr. 1, 1973ff. Vorstand, Erscheinungsort, später auch Titel, wechseln.

Kataloge von Museen (oder zu Ausstellungen auch außerhalb von Museen) haben in mehreren Disziplinen (auch Kunstgeschichte, Archäologie, Volkskunde und anderen) eine nicht zu unterschätzende wissenschaftliche Bedeutung. Sie beschreiben Sammlungen, also Gegenstände der "materiellen Kultur". Häufig geben Erläuterungen weitere ethnographische Informationen. Darüber hinaus sind manche "Kataloge" aber als Ergänzung zur Ausstellung gedacht, oft ausdrücklich als "Führer". Sie können zu Sammelbänden mit wissenschaftlichen Aufsätzen werden, zu Einführungen oder Handbüchern für ganze Regionen oder Sachgebiete.

Um sich die Möglichkeiten solcher Kataloge vor Augen zu führen, sollte man sich einige von ihnen in der nächsten Bibliothek einmal ansehen. Da sind die eigentlichen *Sammlungs*kataloge, die jedes Stück einer Sammlung verzeichnen, etwa "Kunst vom Sepik", eine dreibändige Veröffentlichung von Sammlungen im Berliner Museum für Völkerkunde, mit vielen Abbildungen und Objektbeschreibungen.[48] Dann gibt es die Führer durch ganze Museen oder Abteilungen eines Museums, die nur die *ausgestellten* Objekte beschreiben, erläutern und teils abbilden. Beispiel ist etwa aus dem Berliner Museum für Völkerkunde ein "Führer durch die Ausstellung der Abteilung Südsee" von Gerd Koch.[49] Ähnlich eine Einführung in die Melanesien-Ausstellung des British Museum in London. Sie ist vom Titel her als Museumskatalog gar nicht zu erkennen und stellte eine der frühesten Einführungen in die Ethnographie Melanesiens dar: B.A.L. Cranstones "Melanesia. A Short Ethnography".[50] Ähnlich, aber sehr viel aufwendiger, der Katalog (von Waldemar Stöhr) einer Ausstellung des Rautenstrauch-Joest-Museums für Völkerkunde in der Kunsthalle Köln: "Melanesien. Schwarze Inseln der Südsee".[51] Einen selten behandelten Aspekt stellt ein Heft des Hamburger Völkerkunde-Museums zur Sonderausstellung "Südsee Souvenirs" dar.[52] Ausstellungen müssen übrigens nicht nur solche von Objekten, sondern können auch zum Beispiel Bilder- und Foto-Ausstellungen sein.[53]

---

[48] Kelm 1966-68.

[49] Koch 1976.

[50] Cranstone 1961.

[51] Stöhr [1971].

[52] Wilpert 1985.

[53] Lorbeer und Wild (Hg.) 1991.

Auf ***Wörterbücher***, ***Lexika*** und ***Enzyklopädien*** der Ethnologie wurde schon unter ☞ **LESEN** hingewiesen ("Die Grundausstattung mit Büchern"). Dort allerdings nur unter dem Gesichtspunkt, was sich Studierende unbedingt kaufen sollten. Es gibt eine größere Anzahl weiterer solcher Nachschlagewerke, wobei die Bezeichnungen "Wörterbuch", "Lexikon", "Enzyklopädie" und "Handbuch" nicht klar unterschieden werden. Je umfangreicher die Einträge sind, desto eher wird das Ganze "Enzyklopädie" oder "Handbuch" genannt. Dabei ist gewöhnlich dann aber die Anzahl der Stichwörter geringer. Man sollte in jedem Falle auch ältere Nachschlagewerke benutzen. Zum einen deshalb, weil keines sämtliche denkbaren Stichwörter enthalten kann, zum anderen, weil jeweils sehr unterschiedliche Ausrichtungen deutlich werden.[54] Auch allgemein sozial- oder kulturwissenschaftliche Nachschlagewerke, von denen es eine größere Anzahl gibt, enthalten ethnologische Beiträge. Hier sei nur auf die "Social Science Encyclopedia" hingewiesen.[55]

Neben diesen allgemeinen, auf das ganze Fach bezogenen Referenzwerken, gibt es solche für die unterschiedlichsten sachlichen oder regionalen Teilbereiche, die unmöglich hier alle aufzuführen sind.[56]

Reihen oder ***Serien*** sind eine Kategorie, die quer zu den vorhergehenden verläuft. Monographien, Sammelbände oder Verzeichnisse zu einem Thema oder aus einer Quelle können im Rahmen einer Veröffentlichungsreihe erscheinen, die ein Institut, ein Museum, eine Vereinigung oder direkt ein Verlag herausgibt. Beispiele sind etwa die "Kulturanalysen" des Instituts für Ethnologie in Hamburg,[57] die "Materialien zur Kul-

---

54 Im Literaturverzeichnis sind enthalten: Bosi 1958; Nölle 1959; Hirschberg (Hg.) 1965, 1988; Hultkrantz 1960; Winick 1968; Davies 1972; Akoun (Hg.) 1972; Panoff und Perrin 1973, 1975, 1982; Hunter und Whitten (Hg.) 1976; Herder Verlag (Hg.) 1981; Seymour-Smith 1986; Streck (Hg.) 1987; Winthrop 1991; Bonte und Izard 1992; Ingold (Hg.) 1994; Barnard und Spencer (Hg.) 1996; Levinson und Ember (Hg.) 1996; Barfield (Hg.) 1997; Wörterbuch der Völkerkunde 1999.

55 Kuper und Kuper (Hg.) 1985.

56 Etwa ein "Historical Dictionary of Oceania" (Craig und King, Hg. 1981), ein "Dictionary of Race and Ethnic Relations" (Cashmore 1984), ein "Dictionary of Afro-American Slavery" (Miller und Smith, Hg. 1988); das "Lexikon der ethnischen Minderheiten in Deutschland" (Schmalz-Jacobsen und Hansen, Hg. 1997) bis hin zum "Needleworker's Dictionary" (Clabburn 1976). "Enzyklopädien" sind etwa die sechzehnbändige "Encylopedia of Religion" (Eliade, Hg. 1987), die bisher zehnbändige "Encyclopedia of World Cultures" (Levinson, Hg. 1991ff.) oder die zweibändige "Encyclopedia of Aborigional Australia" (Horton, Hg. 1994).

57 Z.B. Beer 1999.

tur der Wampar, Papua New Guinea", herausgegeben von Hans Fischer,[58] die "Veröffentlichungen des Museums für Völkerkunde Berlin",[59] die "A.S.A. Monographs" der Association of Social Anthropologists of the Commonwealth[60] oder die "Ethnologischen Paperbacks" des Dietrich Reimer Verlags, Berlin.[61] Die erscheinenden Bände sind jeweils Einzeltitel, unter deren Autoren oder Herausgebern sie bibliographisch aufzunehmen sind.

5. Periodika

Zu den *Periodika*, also den periodisch, in zeitlichen Abständen erscheinenden Veröffentlichungen, gehören zunächst die ***Jahrbücher*** (Annalen). Sie erscheinen, wie der Name sagt, jährlich in einem Band und enthalten Beiträge verschiedener Verfasser. In dieser Hinsicht gleichen sie also Sammelbänden. Gewöhnlich allerdings haben sie nicht einen bestimmten persönlichen Herausgeber, sondern werden meist von einer Institution (eventuell deren Direktor) herausgegeben: einem Museum zum Beispiel oder einem Verein. Sie enthalten dann gewöhnlich mehr als nur wissenschaftliche Artikel, nämlich häufig auch Rechenschaftsberichte, Mitteilungen über Personalveränderungen, Listen von Neuerwerbungen, neuen Mitgliedern etc. Die Grenze zwischen "Jahrbüchern" und "Zeitschriften" ist fließend. Als Beispiel sollte man sich etwa einige Bände des "Jahrbuch des Museums für Völkerkunde zu Leipzig"[62] ansehen.

Außerhalb der Wissenschaft und von ganz anderem Typus, aber äußerst nützlich, sind einige Handbücher, die unter der Angabe "Yearbook" erscheinen. Hierher gehören etwa Ausgaben des "Pacific Islands Yearbook" (das allerdings gar nicht jährlich erscheint) mit seinen geographischen, historischen, politischen, wirtschaftlichen und statistischen Angaben über die Staaten des Pazifischen Raumes.[63]

Zeitschriften gibt es in der Ethnologie – wie in anderen Disziplinen – international hunderte. Sie erscheinen meist in zwei bis vier Heften pro Jahr. In den Bibliotheken stehen sie gewöhnlich zu Jahrgängen

---

[58] Z.B. Schulze, Fischer, Lang 1997.

[59] Z.B. Melk-Koch 1989.

[60] Z.B. Needham (Hg.) 1971.

[61] Z.B. Fischer (Hg.) 1998.

[62] Band 1, 1907.

[63] Douglas und Douglas (Hg.) 1994.

gebunden. Bibliographische Probleme machen beide, Jahrbücher wie Zeitschriften, manchmal dadurch, dass das Jahr, *für* das sie erscheinen, nicht das Jahr ist, *in* dem sie erscheinen. Der Band "23/1993" einer wissenschaftlichen Zeitschrift etwa könnte tatsächlich erst 1994 oder 1995 oder noch später wirklich erschienen (veröffentlicht) sein. Man verzeichnet bei Literaturangaben üblicherweise nur das Jahr, für das der Band offiziell herausgekommen ist, in unserem Falle also 1993. Das kann zu Problemen führen, wenn es um Prioritätsfragen geht. Ein Aufsatz im Band "23/1993", der erst 1995 wirklich erschien, kann noch 1994 niemandem bekannt gewesen sein. Mehr noch: Der in diesem Band abgedruckte Aufsatz kann schon viel früher – vielleicht 1991 – der Redaktion dieser Zeitschrift eingereicht worden sein. Es kann Monate bis Jahre dauern, ehe ein Manuskript beurteilt, angenommen und schließlich gedruckt ist. Deshalb geben einige Zeitschriften bei Abdruck des Beitrags den Termin an, zu dem er eingereicht wurde ("submitted June 1991"; eventuell sogar "revised version submitted 1992").

Die Bedeutung von Zeitschriften geht weit über die Tatsache hinaus, dass sie Artikel (Aufsätze) verschiedener Verfasser enthalten. Zunehmend wird es üblich, einzelne Hefte bestimmten Themen zu widmen (*Themenhefte*), was sie faktisch zu Sammelbänden im oben dargestellten Sinne macht.[64] Was alles sie außerdem enthalten können, sollte man sich in einem der Hefte etwa von *Current Anthropology*, aber auch der *Zeitschrift für Ethnologie* einmal ansehen. Da gibt es zum Beispiel:

- *Abstracts* – kurze Zusammenfassungen der Artikel. Bei deutschsprachigen auch auf Englisch und umgekehrt (etwa im "Sociologus").

- *Biographische Informationen* über die Verfasser; in manchen Zeitschriften mindestens ihre Anschriften.

- *Rezensionen* – Referierende und/oder kritische Besprechungen neuer Bücher. *Sammelrezensionen* tun dies für mehrere Publikationen zum selben Thema, *Literaturberichte* oft für ganze Forschungsfelder.

- *Tagungsberichte* – Berichte über Tagungen, Konferenzen, Symposien und Kongresse.

---

64 So erschien beispielsweise Heft 1 von Band 122/1997 der "Zeitschrift für Ethnologie" mit Artikeln zum gemeinsamen Thema "Worin sind wir anders? Standort und Grenzen der Ethnologie". Es handelte sich dabei um die Vorträge zu einem Symposium bei der Tagung der Deutschen Gesellschaft für Völkerkunde in Wien 1995.

- *Berichte über laufende Forschungen* – häufig geordnet nach Instituten.

- *Nekrologe* – Nachrufe auf verstorbene WissenschaftlerInnen, meist mit Biographie und Bibliographie.

- *Kommentare* zu Artikeln. Die internationale (und alle "anthropologischen" Fächer von Ethnologie über Archäologie bis Linguistik umfassende) Zeitschrift *Current Anthropology* bringt sogar regelmäßig in jedem Heft einen Beitrag, der an eine größere Zahl von Kollegen zur Stellungnahme geschickt wurde. Diese Stellungnahmen (*CA* Comments*) werden nach dem Artikel selbst abgedruckt, eine Erwiderung des Verfassers des kommentierten Beitrags folgt.

- *Briefe an die Redaktion*, die oft auf frühere Aufsätze eingehen, protestierend oder ergänzend.

- *Kurzmitteilungen* (*short notes*) von oft nur einem Absatz.

Es gibt hunderte von Zeitschriften, die direkt ethnologisch oder für die Ethnologie von Bedeutung sind. Eine Übersicht über deutschsprachige ethnologische Zeitschriften gibt Junge (1987), andere Zusammenstellungen waren schon unter "Bibliographien" genannt worden. Studierende sollten sich mit den wichtigsten ***Typen von Zeitschriften*** vertraut machen. Die Literatursuche wird dadurch erheblich erleichtert. Unterscheiden kann man die folgenden:

- Internationale ethnologische (meist allgemeiner und interdisziplinär "anthropologische" oder sozialwissenschaftliche) Zeitschriften,[65]
- Nationale ethnologische Zeitschriften,[66]
- Regionale oder lokale ethnologische Zeitschriften,[67]
- Zeitschriften ethnologischer Schulen oder theoretischer Richtungen,[68]

---

65 Etwa: *Current Anthropology*. A World Journal of the Sciences of Man. Band 1, 1960.

66 Etwa: *Zeitschrift für Ethnologie*, Band 1, 1869; *American Anthropologist*, Band 1, 1899; *L'Homme*. Revue francaise d'anthropologie, Band 1, 1961.

67 Etwa: *Southwestern Journal of Anthropology*. Albuquerque: University of New Mexico. Bd. 1, 1945. "Published by the University of New Mexico and the Laboratory of Anthropology, Santa Fe in the interest of general Anthropology." Oder: *Ethnologische Zeitschrift Zürich*. Sammlung für Völkerkunde der Universität Zürich. Band 1, 1970.

68 In Deutschland sind das etwa *Paideuma*, die Zeitschrift der "Frankfurter Schule" der Ethnologie (Band 1, 1938/40) oder *Sociologus*, ausgerichtet an der ethnosoziologi-

- Zeitschriften ethnologischer Museen,[69]
- Auf bestimmte Regionen ausgerichtete Zeitschriften,[70]
- Auf Sachgebiete ausgerichtete Zeitschriften,[71]
- Besprechungszeitschriften,[72] die ausschließlich Rezensionen, also Buchbesprechungen (Reviews) enthalten. Eine besondere und sehr wichtige Form hiervon ist "Annual Review of Anthropology". Diese Zeitschrift bringt jeweils zusammenfassende Überblicke über den Stand der Forschung und Literatur zu bestimmten Themen.[73]

Neben diesen wichtigsten Typen ethnologischer Zeitschriften gibt es eine Fülle anderer, die für Studierende unterer Semester noch nicht von Bedeutung sind, später aber für unterschiedlichste Fragestellungen wichtig werden: alte Kolonialzeitschriften[74] ebenso wie halbpopuläre länderkundliche oder Vereinszeitungen, schließlich solche von Nachbardisziplinen, von der Geographie bis zur Afrikanistik.

---

schen Schule der Berliner Ethnologie (Band 1, 1925). Die Zeitschrift der Forschungsrichtung interkulturelle Vergleiche ("Cross-Cultural Studies") in den USA hieß zunächst *Behavior Science Notes* (Band 1, 1966), später *Behavior Science Research* (ab Band 9, 1974), schließlich *Cross-Cultural Research* (ab Band 28, 1994). Das ist ein Hinweis darauf, daß Zeitschriften gelegentlich ihre Titel ändern.

69 Dies sind etwa *Baessler-Archiv* (Museum für Völkerkunde Berlin), Band 1, 1911, oder *Ethnos* (Ethnographisches Museum Stockholm), Band 1, 1936.

70 Zum Beispiel: *Africa*. Journal of the International Institute of African Languages and Cultures. London. Band 1, 1928; auch: *Oceania*. A Journal Devoted to the Study of the Native Peoples of Australia, New Guinea, and the Islands of the Pacific. Melbourne, Band 1, 1930-31.

71 Hierher gehört etwa *Ethnomedizin*, Band 1, 1971/72.

72 *Reviews in Anthropology*. Westport, Connecticut. Band 1, 1974.

73 *Biennial Review of Anthropology*. Stanford, California. Band 1, 1959. Fortgesetzt als *Annual Review of Anthropology*. Palo Alto, California. Band 1, 1972.

74 Eine Zusammenstellung findet sich bei Junge 1985.

Kapitel 6: Literaturangaben

1. Bibliographieren

Der erste Schritt im Studium und später der Einarbeitung in einen neuen Sachbereich, der Erarbeitung neuer Kenntnisse allgemein, ist gewöhnlich das Lesen einer Einführung in den betreffenden Bereich. Lesen einer Einführung in die Ethnologie, einer Einführung in die Wirtschaftsethnologie, in die Völkerkunde Afrikas oder in Formen der Verwandtschaft. In diesen Einführungen finden sich immer Hinweise zur Weiterarbeit: Literaturangaben, von denen man ausgehen kann, um weiter zu lesen, sich weiter zu informieren. Der nächste Schritt ist dann gewöhnlich das Lösen einer Aufgabe: Im Studium die Anfertigung eines schriftlichen und/oder mündlichen Referats. Und damit das Problem: Wie und wo finde ich die dafür relevante Literatur?

Um überhaupt suchen zu können, muss man aber die Prinzipien des Bibliographierens, die Prinzipien von Literaturangaben kennen. Man muss wissen, wie Bücher und Aufsätze, Buchtitel und Verfasser verzeichnet werden, wenn man sie finden will. Über "Bibliographie" sagt das hier schon mehrfach genutzte ältere "dtv Brockhaus Lexikon in 20 Bänden":

> "**Bibliographie** [grch. >Bücherbeschreibung<], früher die Lehre vom Buch überhaupt, heute die Lehre von den Bücher- und Literaturverzeichnissen *(Bücherkunde)* und diese selbst. Die B. ist ein unentbehrliches Hilfsmittel der geistigen Arbeit und als Nachweis des Schrifttums der wichtigste Teil der Dokumentation."

"Bibliographieren" ist also die Herstellung von und der Umgang mit Bibliographien, mit Büchern, Literaturverzeichnissen und Literaturangaben. Man gebraucht das Wort auch im Sinne von: "Literaturangaben zu einem bestimmten Thema suchen", also für "Literatursuche" oder "Literaturrecherche". Hier wird es für "Literaturangaben machen" bzw. sie "verstehen" gebraucht. In der folgenden Tabelle sind die wichtigsten bibliographischen Angaben zu Büchern und Aufsätzen zusammengestellt. Dabei ist fett hervorgehoben, was unbedingt angegeben werden *muss*:

	Buch Monographie und Sammelband	**Beitrag** in Sammelband	**Aufsatz** in Zeitschrift
a	**Verfasser**	**Verfasser**	**Verfasser**
b	und/oder **Herausgeber**		
c	**Titel**	**Titel**	**Titel**
d	Untertitel	Untertitel	Untertitel
e	Reihe oder Serie	Reihe oder Serie	**Zeitschrift**
f	Nummer	Nummer	**Band**, Heft, **Jahrgang**,
g	Herausgeber	**Herausgeber**	
h		**[in: alle Buchdaten]**	
i		**Seiten**	**Seiten**
j	**Verlagsort(e)**	**Verlagsort(e)**	Verlagsort(e)
k	Verlag		
l	Auflage		
m	**Erscheinungsjahr**	**Erscheinungsjahr**	Erscheinungsjahr
n	Originalausgabe	Originalpublikation	
o	Seiten, Abbildungen, Karten	Seiten, Abbildungen, Karten	

2. Verfasser und Herausgeber

Was auf den ersten Blick der einfachste Fall zu sein scheint, erweist sich bei der täglichen Arbeit mit Literatur aber als ziemlich kompliziert. Dass jemand einen Vor- und einen Nachnamen hat, ist der einfachste Fall, und er kommt, zugegeben, auch am häufigsten vor: Juliane Jansen, Max Brauer, Hans-Heinrich Müller-Wipperfürth. Dabei geht es immer um den Namen in der Form, in der er auf dem Titelblatt eines Buches oder über einem Aufsatz erscheint. Dass da manchmal auf dem Umschlag des Buches oder im Inhaltsverzeichnis einer Zeitschrift die Namen etwas anders geschrieben (vielleicht verkürzt) sind, sei nur erwähnt.

Die folgende Zusammenstellung versucht die Probleme deutlich zu machen, die es mit Namen von ***Verfassern*** geben kann, hier mit dem erfundenen Namen "Otto Berger":

Berger, Otto Berger, Otto Wilhelm	Name und Vorname werden so angegeben, wie sie auf dem Titelblatt erscheinen.
Berger, O. W.	Der Vorname wird in englischsprachigen Werken häufig abgekürzt, in deutschsprachigen sollte er möglichst sogar ergänzt werden, also etwa zu Berger, O.[tto] W.[ilhelm].
Berger, ~~Dr.~~ Otto	Akademische Titel wie *Dr.*, *Prof.*, *Magister*, *Privatdozent*, aber auch *Geheimrat*, entfallen in der Literaturangabe immer.
Berger, [Pastor]	Auch Berufsangaben oder Dienstgrade werden weggelassen. Ist kein Vorname herauszufinden, stellt man solche Angaben in eckigen Klammern an die Stelle des Vornamens.
B.[erger], O.[tto]	Manche Bücher oder Artikel sind nur mit Initialen gezeichnet. Hier muss versucht werden, den vollständigen Verfassernamen (etwa nach biographischen Handbüchern oder Bibliographien) zu ergänzen.
[Berger, Otto]	Das gilt auch, wenn überhaupt kein Verfassername genannt wird.
Anonymus	Ist der Verfassername nicht herauszufinden (etwa bei Zeitungsartikeln), kann man anstelle des Namens "Anonymus" ("ohne Namen") schreiben oder ...
Buchtitel	... der Buchtitel wird in alphabetischer Anordnung in die Bibliographie eingesetzt. Das gilt etwa für Statuten, Verfassungen etc., die keine verantwortlichen Verfasser haben.
Handfeger, Heinrich [d.i. Berger, Otto]	Im Falle von Pseudonymen oder Künstlernamen muss ein Hinweis [d.i. = das ist] auf den wirklichen Namen gegeben werden.
Berger, Otto [s.a. Handfeger, Heinrich]	Das gilt auch umgekehrt, wenn ein Verfasser unter eigenem und unter Pseudonym veröffentlicht hat.
Berger-Bremen, Otto	Bei häufigen Familiennamen wurde Anfang des 20. Jahrhunderts oft der Geburtsort (oder Wohnort) mit Bindestrich nachgestellt. Erscheint dieser Doppelname als Verfassername, muss er so auch wiedergegeben werden, eventuell mit Hinweis auf vom selben Autor gebrauchte andere Namensformen, etwa nur *Berger*.
Berger-Emden, Otto	Einige Doppelnamen sind weder selbst zugelegt noch durch Heirat entstanden, sondern verliehen. Das gilt insbesondere für -Emden, Nachfahren der Besatzungsmitglieder eines deutschen Kriegsschiffs.

Berger, Eva Altmann-Berger, Eva Berger-Neumann, Eva	Durch sich veränderndes Namensrecht kann besonders bei Verfasserinnen der Name in mehreren unterschiedlichen Formen auftauchen: unverheiratet (Berger), in erster Ehe (Altmann-Berger), nach neuerem Namensrecht in zweiter Ehe (Berger-Neumann). Es wäre sogar möglich, dass danach auch nur der Name Neumann (oder wieder Berger) benutzt wird. In jüngerer Zeit gilt dasselbe auch für Männer. Hinweise auf die jeweils anderen Namensformen von Verfassern sind notwendig.
Berger, Otto und Eva Berger	Bei mehreren Verfassern oder Herausgebern sollte der erste in der Form: Familienname, Vorname eingeordnet werden, weitere in der Abfolge: Vorname Familienname.
Berger, Otto; Eva Berger und Max Busch	Bis zu drei Verfasser- oder Herausgebernamen werden angegeben
Berger, Otto et al.	Ab vier Namen wird nur noch der erste genannt mit der Angabe "et al." (für: *et alii*, "und andere").
Berger, Otto von	Namen mit "von" werden in der gezeigten Weise eingeordnet. Das ist zwar unlogisch, da "von" seit über 80 Jahren Namensbestandteil ist, hat sich aber eingebürgert.
Berger, Otto van Van Berger, Otto	Das kleingeschriebene "van" im Deutschen oder Niederländischen wird wie das "von" behandelt. In den USA allerdings wird es großgeschrieben und dann auch unter V bibliographisch erfasst.
Otto, Prinz von Berger	Bei bestimmten Namensformen des ehemaligen Hochadels wird es sehr schwierig. Der Komponist Friedrich der Große etwa (König von Preußen) wird weder unter "Hohenzollern" (seinem Familiennamen) noch unter "Preußen" oder "König" verzeichnet, sondern eben unter "Friedrich". Der bekannte Ethnologe Prinz Peter von Griechenland und Dänemark unter "Peter, Prinz von ... etc."

Bei diesen Möglichkeiten soll es zunächst bleiben. Tatsächlich gibt es eine ganze Reihe weiterer Verkomplizierungen mit Namen, wenn man aus dem deutschen Sprachbereich hinausgeht. Da ist zunächst die ziemlich unverständliche Regel, dass der Herr Otto van Berger zwar unter "Berger, Otto van" erscheint, Herr Otto van den Berger aber unter "van den Berger, Otto". Dann gibt es einige amerikanische Namenssitten, die zusätzliche Schwierigkeiten bereiten könnten. Etwa der Zusatz "Jr" (also "Junior", der Jüngere) nach einigen Namen: *John F. Kennedy Jr* (*Kennedy, John, F., Jr*) oder die Nummern ganzer Namensdynastien: *Henry Ford III* (*Ford, Henry, III*). In dem Namen des früheren amerikanischen Präsidenten steckt noch eine Schwierigkeit, er hieß nämlich *John Fitzgerald Kennedy*. Fitzgerald war der Familienname seiner Mutter, der bei ihm aber zum Vornamen wurde. Aber wer kann dann auf Anhieb schon einen Vornamen von einem Familiennamen unterscheiden? Das führt zu Namen, die (ohne Bindestrich) aus zwei Familiennamen bestehen: *Hermes da Fonseca* etwa. Welches ist der in ein Literaturverzeichnis aufzunehmende Name: *Hermes* oder *Fonseca*? Wo bleibt das *da*? Tatsächlich ist es so, dass hier der Vorname eines (brasilianischen) Großvaters (*Hermes*) in der folgenden Generation zum Bestandteil des Familiennamens wurde, der also jetzt uneingeschränkt *Hermes da Fonseca* ist. Und schließlich: Welches ist der Familienname von *Mao Tse Tung* oder von *Wan Jin Wah*? – Damit sind wir aber über die Grundkenntnisse der ersten vier Semester hinaus. Dies sind bibliothekarische Spezialitäten, zu denen man Literatur für wissenschaftliche Bibliothekare heranziehen muss, die RAK-WB, die "Regeln für die alphabetische Katalogisierung in wissenschaftlichen Bibliotheken".[75]

Herausgeber haben die Bücher nicht selbst geschrieben, sondern andere zum Schreiben überredet. Meist haben sie eine Einleitung zu dem entstandenen Sammelband beigetragen:

Berger, Otto (Hg.) Berger, Otto (Hrsg.) Berger, Otto (ed.) Berger, Otto und Max Busch (eds.)	Herausgeber werden genau so angegeben wie Verfasser. Dass es sich um Herausgeber handelt, wird kenntlich gemacht durch *Hg.* oder *Hrsg.* für "Herausgeber" (Singular und Plural) bzw. *ed.* oder *eds.* für *editor* oder *editores* bzw. *editors* (Lateinisch oder Englisch).

Es gibt Fälle, in denen es sowohl einen Verfasser als auch einen Herausgeber gibt, etwa den folgenden, den man auf zwei Arten angeben könnte:

Clyde Kluckhohn: Culture and Behavior. Edited by Richard Kluckhohn. New York: The Free Press. 1962.

Richard Kluckhohn (ed.): Clyde Kluckhohn, Culture and Behavior. New York: The Free Press. 1962.

Hier hat Richard Kluckhohn ältere Aufsätze seines verstorbenen Bruders Clyde zusammengestellt und herausgegeben. Das ist also ein Sammelband, eigentlich ein Reader. Solche Fälle sind selten, aber bibliogra-

---

[75] Etwa Rusch 1982; Haller und Popst 1996.

phisch schwierig. Als Beleg muss man jeden der Aufsätze getrennt angeben, zumal sie teilweise leicht überarbeitet wurden, wie der Herausgeber angibt. Wie kompliziert so etwas aussehen kann, hier am Beispiel des ersten Aufsatzes in dem genannten Band:

> Clyde Kluckhohn: The Concept of Culture. pp. 19-73 in: Richard Kluckhohn (ed.), Clyde Kluckhohn, Culture and Behavior. New York: The Free Press. 1962 (Original: Clyde Kluckhohn und W. H. Kelly, The Concept of Culture, pp. 78-105 in: The Science of Man in the World Crisis, Ralph Linton (ed.). New York 1945).

Autoren- oder Herausgebernamen sind für Verlage nicht zuletzt Werbemittel, und auch der Zusammenhang zwischen einem Namen und einem Buchtitel prägt sich ein. Das bedeutet, dass man bei späteren Auflagen eines Buches gern den Namen des (verstorbenen) ursprünglichen Verfassers weiter auf dem Titelblatt angibt, obgleich längst andere die Arbeit gemacht haben. Ein Beispiel sind die drei Auflagen des "Wörterbuch der Völkerkunde". Sie sehen nacheinander bibliographisch so aus:

> Walter Hirschberg (Hg.): Wörterbuch der Völkerkunde. Stuttgart: Kröner. 1965.

> Walter Hirschberg (Hg.): Neues Wörterbuch der Völkerkunde. Redaktion Marianne Fries. Berlin: Reimer. 1988.

> Wörterbuch der Völkerkunde. Begründet von Walter Hirschberg. Beirat: Christian F. Feest, Hans Fischer, Thomas Schweizer. Redaktion: Wolfgang Müller. Berlin: Reimer. 1999.

Ein anderes Beispiel:

> Günter Hartfiel: Wörterbuch der Soziologie. Stuttgart: Kröner. 1972.

> Karl-Heinz Hillmann: Wörterbuch der Soziologie. Begründet von Günter Hartfiel. 4., überarbeitete und ergänzte Auflage. Stuttgart: Kröner. 1994.

Leider folgen Bibliotheken nicht immer dem einfachsten Weg bei der Katalogisierung von Büchern mit Herausgebern. In vielen Bibliotheken stehen solche Bücher nicht unter dem Herausgeber-Namen, sondern unter dem Titel des Buches im Katalog. Während also die oben angegebenen

Wörterbücher der Soziologie jeweils unter "H" wie Hartfiel oder Hillmann (den Verfassern) zu finden sind, ist das Wörterbuch der Völkerkunde in der ersten und dritten Auflage unter "W" wie "Wörterbuch" zu finden, in der zweiten vielleicht unter "N" wie "Neues Wörterbuch". Hirschberg war in zwei Auflagen der Herausgeber, in der dritten gibt es weder Herausgeber noch Autor. Das "vielleicht" bezieht sich darauf, dass Bibliotheken auch noch unterschiedlichen Prinzipien der alphabetischen Ordnung folgen können. Hoffen darf man allerdings, dass in einer guten Bibliothek der Name des Herausgebers als Hinweis angegeben ist. Unter "Hirschberg, Walter" sollte also zu finden sein: "siehe: Wörterbuch der Völkerkunde". Das Problem, wie man Titel alphabetisch verzeichnet, wenn es keinen Verfasser oder Herausgeber gibt, leitet zum folgenden Abschnitt über:

3. Titel und Untertitel

Titel von Büchern sind gelegentlich auf dem Umschlag nicht ganz korrekt oder vollständig. Man muss also unbedingt auf die Titelseite sehen. Der Titel in der dort vorliegenden Form gilt. Zu erinnern ist nochmals daran, dass Titel häufig so formuliert werden, dass sie möglichst kurz sind und Interesse hervorrufen. Was in dem Buch (oder einem Aufsatz) steht, geht oft nicht daraus hervor. So darf man sich unter "Entzauberter Blick" oder "Das magische Universum der Identität" fast Beliebiges vorstellen. Erst die Untertitel "Das Bild vom Guten Wilden und die Erfahrung der Zivilisation" und "Elementarformen sozialen Verhaltens" machen den möglichen Inhalt deutlicher.[76] Dem stehen Titel gegenüber, die unzweideutig und von vornherein verständlich sind: "Betrug und Täuschung in der Wissenschaft" oder "Schamanismus".[77] Das alles aber soll Hinweis darauf sein, dass es praktisch sinnvoller ist, sich nicht nur Titel, sondern auch Untertitel zu notieren und im Literaturverzeichnis anzugeben.

Probleme machen gewöhnlich Bücher oder Aufsätze, bei denen ***kein Verfasser*** angegeben oder bekannt ist, und solche mit einem Herausgeber, wenn nach den Ordnungsprinzipien einer Bibliothek ein Werk dann ***unter dem Titel*** verzeichnet wird. Es gibt grundsätzlich zwei Möglichkeiten, solche Sachtitel einzuordnen:

---

[76] Kohl 1981; Müller 1987.

[77] Broad und Wade 1984; Müller 1997.

(1.) Nach der "grammatikalischen Wortfolge" ordnet man einen Titel nach dem Anfangsbuchstaben des ersten unabhängigen Substantivs ein. *Die eigene und die fremde Kultur* wäre danach unter "K" (wie "Kultur") zu finden.

(2.) In ausländischen Bibliotheken üblich und für computergestützte Systeme günstiger ist die auch in Deutschland mittlerweile verbreitete Ordnung nach der "mechanischen oder gegebenen Wortfolge". Danach wird ein Sachtitel entsprechend der Reihenfolge der Wörter im Titel eingeordnet. Bestimmte und unbestimmte Artikel berücksichtigt man nicht. *Die eigene und die fremde Kultur* stünde nach diesem System also unter "E" (wie "eigene").[78]

4. Reihe, Nummer, Herausgeber

Bücher, sowohl Monographien als auch Sammelbände, können einzeln oder in einer Reihe erscheinen. Gewöhnlich gibt man das in Klammern nach Titel und Untertitel an. Nicht alle Reihen haben nummerierte Bände, nicht alle Reihen haben Herausgeber, bei manchen ist der Herausgeber identisch mit dem Autor eines Bandes, bei anderen ist eine Institution Herausgeber. Gewöhnlich gibt man die (meist wechselnden) Herausgeber nicht an:

> Bettina Beer: Joes Geschichten. Analysen philippinischer Erzählungen in ihrem kulturellen Kontext. (Kulturanalysen, Band 2). Berlin: Reimer. 1999.
>
> Hans Fischer: Protokolle, Plakate und Comics. Feldforschung und Schriftdokumente. (Materialien zur Kultur der Wampar, Papua New Guinea; 5). Berlin: Reimer. 1998.
>
> Hans Fischer (Hg.): Ethnologie. Einführung und Überblick. (Ethnologische Paperbacks). 4. Aufl. Berlin: Reimer. 1998.

Im ersten Fall ist der Herausgeber das Institut für Ethnologie der Universität Hamburg, im zweiten Hans Fischer, im dritten ist es der Verlag.

---

78 Das ist eine stark vereinfachte Darstellung. Es gibt wie immer auch hier eine Menge zusätzlicher Probleme, Sonderregeln und Möglichkeiten. Siehe dazu Hacker 1976: 87ff.

5. Aufsätze, Beiträge, Einträge

Der Unterschied zwischen "Aufsätzen" (oder "Artikeln"), "Beiträgen" und "Einträgen" ist nicht eindeutig festgelegt, gewöhnlich spricht man von Aufsätzen oder Artikeln in einer wissenschaftlichen Zeitschrift, Beiträgen zu einem Sammelband und Einträgen in einem Lexikon oder Wörterbuch. Diese Teile eines Bandes oder Heftes werden bibliographisch mit Angabe des Autors, Titels und Untertitels genau wie Bücher behandelt, also etwa:

> Ulla Johansen: Die Ethnologen und die Ideologen. Das Beispiel der estnischen Ethnographen in der Sowjetzeit. **in:**

Darauf folgt die Angabe des Bandes, Heftes oder Buches, in dem diese Arbeit steht, in diesem Falle (das "in" wird hier nur zur Verdeutlichung fett geschrieben):

> **in:** Zeitschrift für Ethnologie, Band 122, Heft 2, 1996, S. 181-202.

oder:

> **in:** Z.f.E. 122 (2), 1996: 181-202.

Zeitschriften werden gewöhnlich abgekürzt. Tut man das in einer eigenen Bibliographie, muss man ein Abkürzungsverzeichnis voranstellen. Es gibt einige übliche Abkürzungen, etwa "Z." für "Zeitschrift" oder "Abh." für "Abhandlungen", und es gibt übliche (aber nicht international festgelegte) Abkürzungen für die meisten wichtigen ethnologischen Zeitschriften, etwa "ZfE" für "Zeitschrift für Ethnologie", "A" für "Anthropos", "AA" für "American Anthropologist", etc. Auch für Bandzahlen, Hefte und Seitenzahlen gibt es, wie oben gezeigt, kürzere Darstellungsmöglichkeiten. Gewöhnlich lässt man die Angabe "Band" oder "Bd." ebenso wie "Seite" oder "S." weg, und die Angabe des Heftes (in Klammern nach der Bandzahl) ist eigentlich überflüssig, weil sich das aus den Seitenzahlen ergibt. Ein Verlagsort wird bei Zeitschriften gewöhnlich nicht genannt, es sei denn, zwei Zeitschriften gleichen Namens erschienen an verschiedenen Orten. Herausgeber (bei der "Zeitschrift für Ethnologie" die Deutsche Gesellschaft für Völkerkunde und die Berliner Gesellschaft für Anthropologie, Ethnologie und Urgeschichte) werden ebenfalls nicht genannt.

Wäre der obige Aufsatz als Beitrag in einem Sammelband erschienen, sähe die bibliographische Angabe so aus:

in: Otto Berger (Hg.), Beiträge zur Ethnologie. Berlin 1996. pp. 181-202.

Auch hier gibt es verschiedene Möglichkeiten, vor allem bei der Angabe der Seitenzahlen. Man kann sie nachstellen, wie im Beispiel, aber auch etwa in folgender Form voranstellen:

pp. 181-202 **in:** Otto Berger (Hg.), Beiträge zur Ethnologie. Berlin 1996.

6. Verlagsort und Verlag

Monographien und Sammelbände, Lexika und Wörterbücher werden in jedem Fall mit Verlagsort und Erscheinungsjahr angegeben. Viele Verlage nennen allerdings eine ganze Reihe von Verlagsorten, was solche Angaben außerordentlich umfangreich machen kann. Beispielsweise:

Stephen A. Tyler (ed.): Cognitive Anthropology. New York, Chicago, San Francisco, Atlanta, Dallas, Montreal, Toronto, London, Sydney: Holt, Rinehart and Winston. 1969.

Es wäre Platzvergeudung, alle diese Orte in einer Bibliographie aufzuzählen. Zwei Möglichkeiten: Man gibt nur den ersten oder man gibt den ersten und "u.a." ("und andere") an: "New York u.a.". Verlage wechseln selbst ganz erheblich in ihren Angaben. Der Dietrich Reimer Verlag – in Deutschland der wichtigste für ethnologische Literatur – nennt als Verlagsort meist "Berlin", manchmal aber "Berlin und Hamburg". Besonders amerikanische Ortsangaben machen hin und wieder Probleme, schon wegen der Mehrfach-Namen und der Abkürzungen, die nicht jedem vertraut sind. Cambridge ist die englische Universitätsstadt, Cambridge, Mass. die amerikanische; Washington D.C. ist die Hauptstadt der USA, Washington ein Staat. Es gibt übliche Abkürzungen für die Staaten der USA, etwa N.Y. (New York), N.J. (New Jersey) oder Ill. (Illinois), die jeweils Städtenamen nachgestellt werden.

Bleibt noch die Möglichkeit, dass in einem Buch überhaupt kein Ort genannt wird. Das ist selten, kommt aber vor. Wenn es nicht gelingt, nach Bibliographien den Verlagsort herauszubekommen (man gibt ihn dann in eckigen Klammern an, etwa: [Berlin]), bleibt nur übrig anzugeben: o.O. ("ohne Ort").

Der Verlagsname wird meist nicht vollständig genannt. Statt "Dietrich Reimer Verlag" schreibt man "Reimer". Das gilt allgemein für Verlagsnamen, die aus einem Familiennamen bestehen: *Verlag C. H. Beck*, *List Verlag*, *Suhrkamp Verlag* werden zur Angabe Beck, List oder Suhrkamp. Das gilt aber gewöhnlich auch für Verlage mit anderen Namen, etwa *Campus Verlag* oder *Trikont-Verlag* (Campus, Trikont). *Berlin Verlag* oder *Westdeutscher Verlag* dagegen gibt man gewöhnlich in dieser vollständigen Form an, in jedem Falle Verlage wie *Cambridge University Press* oder *International Universities Press*. Entscheidend ist die Möglichkeit der Identifizierung, wenn man Verlage überhaupt nennt.

Alle diese Angaben dienen dazu, ein Buch eindeutig zu identifizieren, um es in Bibliotheken zu finden oder über den Buchhandel beschaffen zu können. Wieviel daran bloße Tradition ist, wird deutlich, wenn man in einer Buchhandlung etwas bestellen will. Dann sind so viele und so genaue Informationen gar nicht nötig. Das gilt auch für die Angabe des Verlages. In den Bibliographien amerikanischer Werke findet man sie immer, in deutschsprachigen meist nicht, aber zunehmend häufiger.

Erst wenn man einige Jahre mit Büchern zu tun hatte, holt man auch aus den Angaben über Verlage einiges an Informationen heraus, wenn man sich fragt, ob es lohnt, ein bestimmtes Buch zu bestellen. So ist in älteren Büchern die Angabe "Verlag Heinrich Hoffmann" ein Hinweis darauf, dass es sich vermutlich um ein nationalsozialistisches Werk handelt, die amerikanischen " ... University Press" lassen ein wissenschaftliches (und nicht populäres) Werk vermuten, bei "Routledge" dürfte etwas eher sozialwissenschaftlich ausgerichtet sein.

7. Erscheinungsjahr

Zu den absolut unverzichtbaren bibliographischen Angaben gehört das Jahr, in dem eine Veröffentlichung erschienen ist. Auch da gibt es gelegentlich Probleme. Zunächst die Möglichkeit, dass kein Jahr in einem Buch angegeben wird. Dann geht man genauso vor wie bei fehlender Angabe des Verlagsortes. Man versucht das Erscheinungsjahr in Bibliographien herauszufinden und macht die Angabe in eckigen Klammern: [1956]. Lässt sich nichts herausfinden, schreibt man "o.J." ("ohne Jahr"). Dann lässt sich im Extrem sogar eine Literaturangabe denken, bei der man weder Verfasser, noch Verlagsort und Erscheinungsjahr kennt, die so aussieht:

Anonymus: Das Buch der Bücher. o.O., o.J.

Gelegentlich finden sich für Zeitschriftenartikel Angaben wie "1956-57". Das ist dann der Fall, wenn die Jahrgänge einer Zeitschrift vom Verlag selbst so angegeben werden. Gewöhnlich bedeutet es, dass die einzelnen Hefte eines Jahrgangs verteilt auf zwei Jahre erscheinen. Das gilt etwa für die wichtigste ethnologische Zeitschrift für Melanesien, die in Australien erscheinende "Oceania". Auch mehrbändige Werke werden oft so angegeben. Wenn drei Bände eines Buches etwa 1956, 1957 und 1958 erschienen sind, wird man für das Gesamtwerk angeben "1956-58". Welche Probleme es damit geben kann, zeigt das zweibändige Lehrbuch von Ralph Piddington. Der erste Band seiner "Introduction to Social Anthropology" erschien 1950, der zweite erst 1957. Da war der erste Band schon in zweiter Auflage 1952 erschienen, 1960 erschien er in dritter. Die beiden Bände sind also in dieser Form anzugeben:

Ralph Piddington: An Introduction to Social Anthropology. Edinburgh und London: Oliver and Boyd. Volume One. 1960 (First Published 1950, Second Edition 1952, Reprinted 1960); Volume Two. 1957.

Ginge es nur darum, diese Einführung zu lesen, spielten solche "Petitessen" keine Rolle. Bei Argumentationen und Auseinandersetzungen um Einzelheiten können sie aber wichtig werden, denn Verfasser ändern Formulierungen in verschiedenen Auflagen. Deshalb spielt es auch eine Rolle, ob etwas eine spätere Auflage (hier: Second Edition) oder ob es nur ein Nachdruck (hier: Reprinted) ist. Eine spätere Auflage kann Änderungen enthalten, ein Reprint ist wortgleich.

8. Ausgabe, Auflage und Originalpublikation

Der Unterschied zwischen den drei genannten Bezeichnungen besteht in Folgendem: (a) Ein Buch kann in verschiedenen ***Ausgaben*** erscheinen, etwa als "Hardcover" und (billiger) als "Paperback" in einem Verlag und in anderer Aufmachung in einem Buchklub; gewöhnlich erst später noch als Taschenbuch (Pocketbook). Der Unterschied zwischen Hardcover und Paperback ist nur einer des Umschlags und irrelevant für das Problem der Quellen und damit der Literaturangabe, zumal auch die Seitenzahlen übereinstimmend sind. In allen diesen Ausgaben kann der Text identisch sein, muss es aber nicht. So können bei manchen Ausgaben (Buchklub, Taschenbuch) Anmerkungen entfallen oder (für ein bestimmtes Publikum) umgestellt werden, oder es handelt sich insgesamt um eine gekürzte Ausgabe.

Die verschiedenen Ausgaben lassen sich meist durch Angaben des Verlags erkennen. So steht etwa in der Ausgabe von Malinowskis "Argonauts of the Western Pacific" von 1961: "A Dutton Paperback".[79] Nebenbei: Uns sieht diese Ausgabe nach der Größe wie ein Taschenbuch aus. Die Bezeichnungen (Paperback und Pocketbook) werden also nicht immer klar unterschieden. Der Text allerdings ist in diesem Fall identisch mit der Originalausgabe von 1922.

Ein anderer Fall ist der des von Hans Peter Duerr herausgegebenen "Der Wissenschaftler und das Irrationale".[80] Auf der Rückseite des Titelblatts der Taschenbuchausgabe findet sich folgende Bemerkung:

> "Die hier vorgelegte Taschenbuchausgabe von *Der Wissenschaftler und das Irrationale*, Bände I-IV, beruht auf der zweibändigen, im Syndikat-Verlag 1980 erschienenen Ausgabe. Die seinerzeit von Hans Peter Duerr herausgegebene Sammlung wurde von ihm zum besseren Gebrauch unter den angegebenen Gesichtspunkten neu zusammengestellt, wofür ein Teil der ursprünglichen Sammlung wegfallen konnte."

Diese Ausgabe einer Aufsatzsammlung von 1985 unterscheidet sich also von der Originalausgabe von 1980 durch Wegfall einiger der Aufsätze, nicht aber durch Änderungen der Texte selbst. In der Literaturangabe machen die Jahreszahlen und die Angabe "(Taschenbücher Syndikat/EVA Band 56)" bei der späteren die unterschiedlichen Ausgaben deutlich.

Davon nicht ganz eindeutig zu unterscheiden sind (b) ***Auflagen***. Dabei handelt es sich im Verlagsrecht um die Gesamtzahl der Exemplare, die ein Verleger laut Verlagsvertrag herzustellen berechtigt ist. Anders ausgedrückt handelt es sich um Drucke einer bestimmten Anzahl von Exemplaren des Buches zu verschiedenen Zeitpunkten. Dass eine Auflage die "1. Auflage" oder die "Originalausgabe" war, stellt sich naturgemäß erst später heraus, wenn weitere Ausgaben oder Auflagen folgen. Bei populären Büchern kommen mehrere Auflagen zwar auch im selben Jahr vor, bei wissenschaftlichen Büchern sind sie eher selten und liegen dann meist

---

[79] Malinowski 1961.

[80] Duerr (Hg.) 1985.

einige Jahre auseinander. Wiederum im Unterschied zu literarischen Werken wird dann der Autor meist Verbesserungen und/oder Ergänzungen anbringen, weil sich wissenschaftliche Erkenntnisse und Auffassungen verändern. Das gilt auch für Lehrbücher oder Einführungen.

Am Beispiel der von Hans Fischer herausgegebenen "Ethnologie" werden die Unterschiede deutlich.[81] Die erste Auflage erschien 1983. 1988 erschien eine "Zweite, überarbeitete und erweiterte Auflage", in der nicht nur alle Texte überarbeitet, sondern auch zwei Beiträge weggefallen und drei andere neu aufgenommen wurden. Die "Dritte, veränderte und erweiterte Auflage" erschien 1992 mit wichtigen neuen Beiträgen, die in den ersten beiden nicht enthalten waren. Schließlich kam 1998 die "Vierte, überarbeitete Auflage" heraus. (Eine völlige Neufassung ist in Arbeit). Alle Auflagen dieses Sammelbandes unterscheiden sich deutlich voneinander, weder Beitragende noch Texte und Literaturhinweise sind übereinstimmend. Man muss also in jeder Literaturangabe diese verschiedenen Auflagen unterscheiden, in diesem Fall durch die Jahreszahlen. Es ist aber sinnvoll, die Angaben über Auflagen und Veränderungen mit aufzunehmen. Meist notiert man allerdings nur kurz "2. Aufl." oder englisch "2nd edition". Es gibt eine Schreibweise, die noch kürzer ist, etwa ^{2}1988 (2. Auflage 1988), gelegentlich sieht man das auch umgekehrt: 1988^{2}.

Als Drittes ist in der Tabelle (c) "***Originalausgabe***" bzw. "Originalpublikation" genannt. Diese Bezeichnungen sind noch weniger eindeutig festgelegt als die beiden anderen. Gemeint sind damit zum einen Beiträge in Sammelbänden, die aus anderen Zusammenhängen, aus anderen Publikationen, stammen. So kann etwa ein Zeitschriftenartikel, ein Kapitel oder ein Abschnitt aus einem Buch später in einen Sammelband übernommen werden. Das ist besonders häufig in "Readern" der Fall. Ein "Reader" (das Wort wird auch im Deutschen verwendet) ist ein "Lesebuch" mit Beispieltexten als Überblick, Einführung oder Lehrbuch. Ein solcher Reader war etwa das von Hammel und Simmons herausgegebene "Man Makes Sense. A Reader in Modern Cultural Anthropology".[82] Darin (pp. 29-38) findet sich beispielsweise ein Beitrag von Claude Lévi-Strauss, "How I became an Anthropologist". Es handelt sich dabei nicht um einen neu geschriebenen Artikel, sondern um einige Seiten aus seinen "Tristes Tropiques" (dt. "Traurige Tropen") in einer Ausgabe von 1961 (Originalaus-

---

[81] Fischer (Hg.) 1998.

[82] Hammel und Simmons (Hg.) 1970.

gabe 1955). Wenn man aus diesem Beitrag zitiert, ist es wichtig, auf die Originalpublikation zu verweisen bzw. sie für seine eigenen Literaturangaben zu notieren.

Gerade bei Nachdrucken, bei Reprints, aber auch bei sehr viel späteren Auflagen älterer Bücher sollte man die Originalausgabe angeben. Das gilt vor allem für ***Übersetzungen***, aber auch für ***Reprints*** und ***Faksimiledrucke*** (photomechanische Nachdrucke mit identischem Druckbild der Originalausgabe), wenn es schon mehrere frühere Ausgaben oder Auflagen gab. Es folgen zwei Beispiele, von denen das erste wegen seiner Absurdität mit akademischem Titel vorgestellt wird:

Dr. P. Möbius: Über den physiologischen Schwachsinn des Weibes. München: Matthes & Seitz. 1977. (Faksimiledruck der 8., veränderten Auflage, Halle 1905).

James George Frazer: Der Goldene Zweig. Reinbek bei Hamburg: Rowohlt. 1989. (Original: The Golden Bough. Cambridge 1922).

Deutlich wird am ersten Beispiel, wie erfolgreich das Buch ursprünglich gewesen sein muss, wenn der Faksimiledruck nach einer 8. Auflage hergestellt wurde. Das Vorwort (vermutlich zur ersten Auflage) ist aus dem Jahr 1903. Im Gegensatz zu diesem eher komischen Beispiel ist Frazers "Goldener Zweig" einer der Klassiker der Ethnologie. Das Werk erschien zuerst 1890 in drei Bänden und wuchs zu 12 Bänden an (1907-15). 1922 erschien eine gekürzte einbändige Ausgabe, die die Grundlage für die deutsche Übersetzung war. Diese Informationen sind einer Vorbemerkung der Ausgabe zu entnehmen.

Noch nicht erwähnt ist die Behandlung von ***ungedruckten Quellen***, von Manuskripten oder in geringer Auflage vervielfältigten Arbeiten. Als Erstes muss man diese Tatsache festhalten, etwa: "handschriftliches Manuskript", "maschinenschriftlich" oder "vervielfältigt". Zum Zweiten kann man Genaueres über die Art der Quelle angeben, etwa "ungedruckte Magisterarbeit" oder "vervielfältigtes Sitzungsprotokoll". Ort und Jahr lassen sich meist leichter feststellen und mitteilen. Gerade bei Prüfungsarbeiten sollte aber auch die Bibliothek, das Archiv oder der Aufbewahrungsort angegeben werden, da sonst kaum Überprüfbarkeit gegeben ist. Angaben können also etwa lauten: "Handschriftliches Tagebuch, März 1956 - August 1959, im Besitz von Dr. Herbert Tischner, Hamburg", oder "Ungedruckte erziehungswissenschaftliche Diplomarbeit, Hamburg 1978, in der Bibliothek des Soziologischen Instituts der Universität Hamburg".

9. Seiten, Abbildungen, Karten

Der Umfang von Büchern wird in der üblichen Literaturangabe nicht angegeben, wohl aber in den sehr viel genaueren bibliographischen Angaben zu Rezensionen (etwa: "V, 267 S.", womit römisch und arabisch gezählte Seiten genannt sind). Dabei steht "S." für "Seite" oder "Seiten", der Zahl vorangestellt auch "p." ("Lat. *pagina*) oder "pp." für den Plural. Anstelle dieser Abkürzungen kann vor den Seitenzahlen auch ein Doppelpunkt nach Band- oder Jahreszahl stehen. Für Aufsätze und Beiträge in Zeitschriften und Sammelbänden werden immer die Seiten von - bis genannt, also etwa "72-96", die Angabe "72 ff." (72 folgende) reicht nicht aus. In dieser Weise kann man aber in Texten Aussagen belegen: "72f." hieße genau: "72-73", ungenauer dagegen bedeutet "72ff.": "Seite 72 und folgende". Das ist nur erlaubt, wenn es sich um den Bezug auf eine längere Darstellung handelt, deren genaues Ende nicht festzulegen oder für den Zusammenhang irrelevant ist.

Die Literaturangabe für den Eintrag in einem Wörterbuch oder Lexikon sähe ebenso wie zu dem in einem Sammelband aus. Gewöhnlich lässt man dann allerdings bei kürzeren Einträgen die Seitenzahlen weg, weil sie alphabetisch geordnet und auch ohne Seitenzahlen sofort aufzufinden sind.

Abbildungen, Tafeln und Karten werden in einer Literaturangabe nicht verzeichnet, wohl aber – wie der Umfang eines Buches – in der bibliographischen Angabe zu einer Rezension.

10. Abkürzungen

In Literaturangaben findet man eine ganze Anzahl von Abkürzungen, die den oft großen Umfang von Bibliographien einschränken sollen. Viele der allgemeinen Einführungen in wissenschaftliches Arbeiten oder bibliothekarisches Grundwissen enthalten lange Listen solcher Abkürzungen.

Die folgende Zusammenstellung enthält nur die wirklich wichtigen Abkürzungen, auf die man bei der Suche nach Literatur ständig oder häufig stößt und die man selbst bei Literaturangaben auch benutzt. Es wäre ein Missverständnis, wollte man diese Abkürzungen auch in Texten verwenden. Dafür sind sie nicht gedacht. Hier sollte man sich mit den ganz wenigen, auch in nichtwissenschaftlichen Texten üblichen, wie usw., etc., z.B. begnügen.

a.a.o.	am angegebenen Ort
Abb.	Abbildung
Abh.	Abhandlung(en)
Anh.	Anhang
Anm.	Anmerkung
Arch.	Archiv
Aufl.	Auflage
Ausg.	Ausgabe
Bd. (Bde.)	Band (Bände)
Beih.	Beiheft
Beitr.	Beitrag (Beiträge)
cf.	confer = vergleiche
d.i.	das ist
dies.	dieselbe
Diss.	Dissertation
ebd., ebda.	ebenda, an derselben Stelle
Ed.	Edition
ed. (Pl. eds.)	editor(s) = Herausgeber
e.g.	exempla gratia = zum Beispiel
Einf.	Einführung
Einl.	Einleitung
Erg. H.	Ergänzungsheft
ersch.	erschienen
erw.	erweitert
et al.	et alii = und andere
f. (Pl. ff.)	folgende Seite(n)
fasc.	fasciculus = Heft
Fig.	Figur
Fußn.	Fußnote
Ges.	Gesellschaft
Ges. Ausg.	Gesamtausgabe
H.	Heft
hg.	herausgegeben
Hg., Hrsg.	Herausgeber
Hwb.	Handwörterbuch
ib., ibid.	ibidem = ebenda
id.	idem = derselbe, dasselbe
i.e.	id est = das ist
J.	Journal
Jb.	Jahrbuch
Jg.	Jahrgang

Lfg.	Lieferung
loc. cit.	loco citato = am angeführten Ort
Ms. (Pl. Mss.)	Manuskript(e)
N.B., NB	nota bene = beachte
Neudr.	Neudruck
N.F.	Neue Folge
N.S., NS	New Series = Neue Folge
o.J.	ohne Jahr
o.O.	ohne Ort
op. cit.	opere citato = im angeführten Werk
P.	pars = Teil
p. (Pl. pp.)	pagina = Seite(n)
p.a.	pro anno = jährlich
pss.	passim = hier und da, öfter
q.v.	quod vide = siehe dies
Reg.	Register
Repr.	Reproduktion, Neudruck
S.	Seite
sc.	scilicet = nämlich, versteht sich
seq. (Pl. seqq.)	sequens (sequentes) = und der, die, das folgende
Ser.	Serie
Slg.	Sammlung
Suppl., suppl.	Supplement = Ergänzung (-sband), Nachtrag
s.v.	sub voce = unter dem Stichwort
u.a.	und andere
vgl.	vergleiche
vs.	versus = gegen, gegenüber
v.s.	vide supra = siehe oben
Wb.	Wörterbuch
Z., Zs., Zeitschr.	Zeitschrift
Ziff.	Ziffer

Ein großer Teil der üblichen Abkürzungen ist hier nicht verzeichnet. Er gehört zum Allgemeinwissen, das jeder Studienanfänger von der Schule mitbringt, etwa Bd., ca., dgl., etc., evt., Jh., Taf., u.a., usw., z.B., z.Zt. und andere. Sie finden sich zudem in jedem Wörterbuch der deutschen Sprache und im Duden. Andere versteht man ohne großes Nachdenken aus dem Zusammenhang, wie Abschn. (Abschnitt), Abt. (Abteilung), Mitarb. (Mitarbeiter), Übers. (Übersetzung), Zeichn. (Zeichnung) und viele weitere. Eine dritte Gruppe umfasst solche Abkürzungen, deren Kenntnis auf Bibliothekare, Archivare oder Spezialisten für Archivarbeit beschränkt ist, und die auch den Verfassern dieses Bandes nie begegnet sind: autogr. (autographiert), cur. (curavit = besorgt von), ed. cit. (editio[ne] citata = in der angeführten Ausgabe), fl. (fluorit = blühte, wirkte), gez. Bl. (gezählte Blätter) und wiederum viele andere.

In diesem Kapitel ging es darum, die Prinzipien von Literaturangaben so weit vorzustellen, dass man Literatur suchen und beschaffen kann. Wie man selbst Literaturangaben in einem Text macht, wie man eine *Bibliographie* zusammenstellt und *Belege im Text* gibt, siehe das Kapitel ☞ **ZITIEREN UND BELEGEN**.

Kapitel 7: Literatursuche und -beschaffung

1. Literatursuche
2. Recherche und Kommunikation im Internet
3. Literaturbeschaffung
4. Bibliotheken und Archive

Das vorige Kapitel hatte die notwendigen Kenntnisse über Literaturangaben zusammengestellt, die Voraussetzung dafür sind, um Literatur für ein bestimmtes Thema aufzufinden und zu beschaffen. Erst jetzt sind die nächsten Schritte, *Literatursuche* und *Literaturbeschaffung*, möglich. Beides zusammen bezeichnet man auch als *Literatur-Recherche*.

1. Literatursuche

Auf erste Bücher aus der oder über die Ethnologie stoßen künftige Studierende gewöhnlich schon als Schüler – oft eher zufällig, sonst gezielt durch Nachfragen in Buchhandlungen. Befragungen in einführenden Lehrveranstaltungen zeigen dann zwar häufig, dass nicht alles im engeren Sinne Ethnologie ist, was da gelesen wurde. Aber Marco Polo, Karl May oder Eibl-Eibesfeld können ja auch zur Wissenschaft geführt haben. In solchen Befragungen von Studienanfängern wurden am häufigsten die Namen Margaret Mead, Claude Lévi-Strauss und Bronislaw Malinowski genannt.[83]

Im nächsten Schritt wird man gewöhnlich lesen, was im Unterricht empfohlen wird, im allgemeinen Einführungen, die leicht zugänglich in der Institutsbibliothek stehen oder zu kaufen sind. Auch die in Vorlesungen verteilten ***Literaturlisten*** können so genutzt werden. Danach geht man im "Schneeballsystem" von den Literaturangaben in den gelesenen Büchern aus weiter. Die erste wirkliche Literatursuche beginnt im Allgemeinen mit der Übernahme eines Referats in einer Lehrveranstaltung, in einem Seminar. Wenn nicht auch hier (in unteren Semestern) die Literatur noch angegeben wird, muss man sie nun erstmalig selbst herausfinden.

[83] Fischer 1985.

In kleineren ***Bibliotheken***, in denen die ***Regale*** frei zugänglich sind, kann man der Systematik folgend an dem entsprechenden Regal nachsehen, was an Büchern vorhanden ist und was zu dem eigenen Thema passen könnte. In größeren Bibliotheken ist das jedoch nicht mehr möglich: Hier muss man schon eine genaue Literaturangabe haben, um ein Buch zu bekommen. Wie finde ich also Literaturangaben zum Thema "matrilineare Gesellschaften", "die Wampar in Neuguinea", "Farbbezeichnungen und -kategorien" oder "Maultrommeln"?

Eine für die spezifischen Erfordernisse von Ethnologen geschriebene Übersicht über Bibliotheken, Bibliographien und die verschiedenen "Sach- und Literaturauskunftsmittel" bietet die Arbeit von Junge und Heidtmann, "Wie finde ich ethnologische Literatur".[84] Im Kapitel ☞ **LITERATUR IM FACH** wurde auf die Möglichkeiten schon hingewiesen, und dort waren auch die wichtigsten Beispiele angeführt worden. Die erste Möglichkeit ist die schon aus der einführenden Lektüre bekannte: Man geht von ***Einführungen*** oder ***Handbüchern*** aus und sucht zunächst im Inhaltsverzeichnis und im Index, ob überhaupt etwas zum gesuchten Thema drinsteht. Wenn das der Fall ist, werden dort auch Literaturhinweise gegeben, die man aus dem Literaturverzeichnis herausschreiben kann. Hier spielt es naturgemäß eine Rolle, wann solche Bücher, von denen man ausgeht, erschienen sind. Am günstigsten ist es, von den jeweils neuesten Arbeiten auszugehen und sich dann weiter zeitlich zurück zu bewegen. Von jedem Buch, dass ich herausfinde, gehe ich also weiter zu dort genannten älteren. – Die zweite Möglichkeit ist das Ausgehen von den meist knappen Literaturangaben unter jeweiligen Stichwörtern in ***Lexika*** und ***Enzyklopädien***.

Die dritte Möglichkeit sind ***Bibliographien*** (also reine Verzeichnisse von Büchern und Aufsätzen). Mit den für die Ethnologie allgemein oder für Teilgebiete vorhandenen sollte man sich möglichst früh vertraut machen. Sie stehen in Bibliotheken gewöhnlich an einer Stelle zusammengefasst und Bibliothekare/innen weisen gern darauf hin.

Noch eine vierte Möglichkeit: Man geht von den letzten Bänden der wichtigsten (oder zum Thema nächsten) ***Zeitschriften*** aus und versucht, den letzten Beitrag (mit Literaturangaben) zum Thema herauszufinden. Das ist ein etwas zeitraubendes und meist mühsames Unternehmen. Günstig ist, dass einige Zeitschriften ***Index-Bände*** haben, die man durchse-

---

[84] Junge und Heidtmann 1989.

hen kann. Der Nachteil ist allerdings, dass nur die Verfasser und Titel der Aufsätze verzeichnet sind und nicht etwa der Inhalt verzettelt ist. Ein weiterer Nachteil: Solche Index-Bände erscheinen nur in ziemlich großen Abständen. Der letzte derartige Index der Zeitschrift für Ethnologie ist zum Beispiel von 1976.[85]

Die fünfte Möglichkeit, wenn alles nichts gebracht hat: ***Schlagwort-*** oder ***Systematische Kataloge*** von Bibliotheken. Hier muss man sich zunächst mit der jeweiligen Bibliothek vertraut machen, wie unter "Literaturbeschaffung" beschrieben wird. Bibliotheken, von Instituts- über Museums- und Universitäts- bis zu Stadt- oder Staatsbibliotheken sind sehr unterschiedlich aufgebaut und eingerichtet. Alle haben Verfasser-Kataloge, fast alle haben auch Schlagwort-Kataloge, manche einen systematischen Katalog (der Ordnung der Bibliothek), einige haben gesonderte Zeitschriften-Kataloge. Institutsbibliotheken haben manchmal Ethnien-Kataloge, in denen Völker- und Stammesnamen verzeichnet sind. Der Schlagwort-Katalog einer ethnologischen ebenso wie einer Universitätsbibliothek müsste zu den oben vorgestellten Themen "matrilineare Gesellschaften", "die Wampar in Neuguinea", "Farbbezeichnungen und -kategorien" oder "Maultrommeln" einiges an Literaturhinweisen ergeben. Wenn nichts zum speziellen Thema zu finden ist, dann in jedem Fall zur jeweils allgemeineren Kategorie, etwa "Verwandtschaft", "Neuguinea", "Farbe" und "Musikinstrumente". Von hier aus kann man dann wiederum weitersuchen. In den weitaus meisten Fällen ist der Nachteil dieser Kataloge, dass nur Bücher, nicht aber Aufsätze verzeichnet sind.

Bleibt festzuhalten, dass die gemeinten Kataloge noch Karteien sind, also Karteikarten in Kästen. Immer mehr Bibliotheken stellen aber auf EDV um, die Kataloge sind also über einen Computer zugänglich. Damit werden auch Literatursuche und -bestellung weitgehend eins.

2. Recherche und Kommunikation im Internet

An Universitäten besteht die Möglichkeit, an Rechenzentren oder in Instituten Computer zum Schreiben aber auch zur Informationsrecherche im Internet zu nutzen. Meist sind dafür Zugangsberechtigungen (etwa sogenannte "Benutzerkennungen" und "Passwörter") notwendig, über die man sich zu Beginn des Studiums informieren und die man gegebenenfalls beantragen sollte. Die Rechenzentren der Universitäten geben häufig auch

---

[85] Herzog 1976; ein neuer Band ist für 2003 geplant.

vervielfältigte "Gebrauchsanweisungen" heraus, die alle Möglichkeiten darstellen, wie man den Zugang beantragt und nutzt. Gewöhnlich werden auch Einführungskurse für Anfänger in verschiedene Programme, in die Internet-Recherche oder anwendungsbezogene Themenbereiche angeboten. Dieses Angebot sollte man zu Beginn des Studiums auf jeden Fall nutzen, um die Möglichkeiten und Grenzen von Programmen, vom Internet und der universitären Computeranlage kennen zu lernen. Häufig können sich auch Studierende eine eigene E-mail-Adresse am Rechenzentrum oder Institut zulegen. Über E-mail können etwa Anfragen an die Fernleihstelle der Universitätsbibliothek oder kommerzielle Dokumentenlieferdienste geschickt werden.

Per E-mail kann man im Allgemeinen problemlos auch mit Dozenten ***kommunizieren***. Hat man etwa einen einfach zu beantwortende Frage oder möchte nur einen Termin abstimmen, dann muss man nicht in die Sprechstunde gehen, sondern kann per E-mail schnell und einfach das Problem klären. Bei der Besprechung von Texten oder zur Klärung von komplexeren Fragen ist jedoch nach wie vor persönlicher Kontakt und der direkte Austausch unerlässlich.

Allgemeine Informationen zur Ethnologie, über Studienfächer, das Angebot an Lehrveranstaltungen oder das Personal an Universitäten in aller Welt finden sich im Internet auf den ***Internetseiten*** der Universitätsinstitute, Museen und wissenschaftlichen Vereinigungen. Möchte man sich über das Lehrangebot, die Dozenten oder die Prüfungsordnung vor Ort informieren, bietet heute die jeweilige Homepage der meisten Institute einen Einstieg. Auch die Homepages wissenschaftlicher Vereinigungen sind ein guter Ausgangspunkt für die Recherche. Von der American Anthropological Association (AAA) ist etwa die Liste "Academic Departments of Anthropology" einsehbar. Die Homepage der großen Verbände wie der AAA (http://www.aaanet.org) geben außerdem Hinweise auf wichtige Informationen für Ethnologen, die im Internet zu bekommen sind,[86] beispielsweise über wissenschaftliche Gesellschaften, Fördermöglichkeiten, Interessengruppen, Diskussionsgruppen, Vereine, Institute, Bibliotheken, Museen etc. Hier und auf den Internetseiten der Deutschen Gesellschaft für Völkerkunde (http://www.dgv-net.de), der Schweizerischen Ethnologischen Gesellschaft (http://www.seg-sse.ch) oder der Anthropologischen Gesellschaft Wien (http://www.nhm-wien.ac.at/AG/) kann

---

[86] Etwa die Liste von Fetterman 1998.

man sich auch über Aktuelles zu Tagungen, Arbeitsgruppen und Publikationen informieren.

In den großen Universitätsbibliotheken bestehen häufig regionale Vernetzungen der Computersysteme, sodass von einem Computer-Arbeitsplatz aus der Bestand mehrerer Bibliotheken per "***Online-Recherche***" am eigenen Ort oder in anderen Städten überprüft werden kann. "Online" bedeutet: mit dem Internet verbunden. Findet man ein Buch an einem anderen Ort, kann in vielen Fällen die Fernleihe genutzt werden. Die Bedingungen dafür sollten bei der eigenen Bibliothek erfragt werden. An vielen Staats- oder Universitätsbibliotheken gibt es traditionelle Fernleihverfahren (ein Formular wird per Post an andere Bibliotheken weitergeleitet) und daneben die neuere "online"-Fernleihe. Hier wird die Anfrage mit Hilfe des Internet vom Arbeitsplatz aus innerhalb eines Verbunds der Bibliotheken direkt an die entsprechende Stelle geschickt. Die Zeitersparnis bei der online-Fernleihe kann mehrere Wochen betragen.

Bei der Suche, wo Bücher außerhalb der eigenen Bibliothek per Fernleihe zu bekommen sind, ist der KVK (Karlsruher virtueller Katalog, http://www.ubka.uni-karlsruhe.de/kvk.html) eine große Hilfe. Er fasst die Verbundkataloge der wichtigsten deutschen und eine Reihe von ausländischen Bibliotheken zusammen. Man kann jeweils markieren, welche Kataloge durchsucht werden sollen. Auch ausführlichere Informationen werden angeboten. Man bekommt so einen Eindruck, ob sich eine Fernleihe lohnt, und kann einen Ausdruck des Fundortes der Fernleihbestellung beilegen. Meist geht diese dann schneller.

Eine nützliche Recherchehilfe ist "*The Anthropological Index of the Royal Anthropological Institute*" (AIO, http://lucy.ukc.ac.uk/AIO.html). Dieser Katalog verzeichnet Beiträge der zahlreichen Zeitschriften der Anthropology Library am British Museum. In den Jahren 2000 und 2001 wurden Beiträge zurückgehend bis 1957 aufgenommen. Der Index wird regelmäßig auf den neuesten Stand gebracht, die Benutzung ist für Privatpersonen umsonst, und es gibt verschiedene Suchmöglichkeiten: ein vereinfachtes und ein ausführliches Suchformular.

Möglichkeiten der Information und des wissenschaftlichen Austausches mit anderen Studierenden oder Wissenschaftlern bieten Newsletter, Mailinglisten (electronic bulletin boards), und Diskussionsforen (Newsgroups). Möchte man einen ***Newsletter*** beziehen, trägt man sich auf einer E-mail-Adressenliste ein und erhält als Abonnent (subscriber) jeweils die neuesten Nachrichten als E-mail zugeschickt. Es gibt allerdings keine

Antwortfunktion und damit keine direkten Diskussionsmöglichkeiten unter den Abonnenten.

Anders bei so genannten ***Mailing-Listen***. Auch dort schickt man seine eigene E-mail-Adresse an einen Computer (an den Listserver), der automatisch in den Verteiler aufnimmt. Meist muss noch einmal per E-mail bestätigt werden, dass man tatsächlich in den Verteiler der Liste aufgenommen werden möchte. Danach bekommt man dann automatisch eine „Gebrauchsanweisung" für die Funktionen der Liste (s.u.). Daraus geht hervor, wie man selbst eine Nachricht an alle Mitglieder schickt, wie man Archive einsieht oder sich wieder aus der Liste austrägt. Man kann auf die Beiträge der anderen Mitglieder entweder an die Liste, also für alle anderen Subscriber lesbar, antworten oder einer bestimmten Person „off list" eine Antwort schicken. Bevor man sich in Diskussionen einmischt, ist es nützlich zunächst passiv mitzulesen, um Regeln, Themen und Ton der Kommunikation kennen zu lernen. Eine bereits lange existierende Mailingliste in der Ethnologie ist Anthro-L.[87] Sie wurde 1985 ins Leben gerufen und hat mittlerweile mehrere tausend Abonnenten aus 46 Ländern. Mailinglisten gibt es auch für bestimmte theoretische Richtungen oder für einzelne Regionen, etwa ASAONET, die Liste der Association for Social Anthropology in Oceania[88]. Dort wird vorgeschlagen, dass Beiträge von Listen-Mitgliedern, sofern man bestimmte Regeln beachtet, auch zitiert werden können:[89]

> "Should you wish to make reference to a posting that you read on ASAONET, first consider whether the message was intended for widespread distribution and contact the author for permission. Then, one means of citing the reference is given in the example below. The subject header can serve as the title. Postings can be considered a form of published document, but remember to check with the author first as he or she may not have intended it for that purpose."

Die Literaturangabe eines Beitrags aus einer Mailingliste könnte wie folgt aussehen:

---

87 http://listserv.acsu.buffalo.edu/archives/anthro-l.html

88 http://www.soc.hawaii.edu/asao/pacific/hawaiki.html

89 Michael Lieber 2001: ASAONET Statement of Being. Posting on ASAONET (asaonet@listserv.vic.edu) 2.3.2001.

Lieber, Michael
1994 Gender liminality in Polynesia. Posting on ASAONET, Association for Social Anthropology Bulletin Board (asaonet@listserv.uic.edu). 25 Feb. Ms. in files of author.

Neben Newslettern und Mailinglisten gibt es ***Newsgroups***. Hier schickt man Beiträge per *mail* an eine Adresse, und diese werden dann im Internet in einer bestimmten Gruppe oder einem „Forum" veröffentlicht. Sie sind für jeden frei zugänglich, aber sie werden nicht wie bei einem Newsletter oder der Mailingliste an die eigene Adresse geschickt. Eine Übersicht und Suchmaschine, mit deren Hilfe man Newsletter und Mailinglisten im Internet finden kann, gibt es unter http://www.kbx.de.

Die für private Kommunikation beliebten ***Chat Groups*** haben sich unseres Wissens in der Ethnologie bisher für den wissenschaftlichen Austausch nicht durchgesetzt. In einer Chat Group können Teilnehmerinnen mit einer Zeitverzögerung von wenigen Sekunden über eine Internetseite miteinander kommunizieren. Da die zeitlichen Verzögerungen bei der Kommunikation unter Kollegen weniger entscheidend sind und schriftliche Diskussionen über komplexere Themen ohnehin mehr Zeit erfordern, werden bislang vor allem die beschriebenen Mailinglisten genutzt.

Stundenlanges ***Surfen*** durchs Internet mag die Zeit vertreiben, ist jedoch für Studierende bei der Literaturrecherche meist unbrauchbar. Die Feststellung, dass man den Bestand der Zentralbibliothek New Yorks einsehen kann, nützt einem in der Regel während des Studiums nichts, denn einen so entdeckten Titel zu beschaffen, dürfte (noch) zu zeit- bzw. geldaufwendig sein. Dasselbe gilt meist auch für internationale Bibliographien. Was am Ort direkt oder über Fernleihe entleihbar ist, setzt im Allgemeinen den Rahmen dessen, was Studierende für ein Referat oder eine Magisterarbeit nutzen können. Informationen darüber, wie neue elektronische Medien einsetzbar sind, veralten sehr schnell. Deshalb ist es wichtig, sich im Buchhandel nach der ***neuesten einführenden Literatur*** zu erkundigen. In der Literaturliste sind einige Titel aufgeführt, es erscheinen jedoch ständig neue Veröffentlichungen und aktualisierte Neuauflagen.

Es gibt einiges, das man grundsätzlich und unabhängig von den jeweiligen technischen Möglichkeiten bei der Informationsrecherche im Internet beachten sollte. Am besten legt man sich eine Mappe oder einen ***Ordner*** an, in dem man alle Informationen über die Möglichkeiten am Ort sammelt, etwa Zugangsnummer zum Universitätscomputer, Benutzerordnung, Öffnungszeiten der Arbeitsplätze, Informationen der Fernleihdienste oder eine Liste der Suchmaschinen, mit denen gute Ergebnisse erzielt wurden, und "Suchprotokolle" (s.u.). Als "***Suchmaschinen***" (oder auch Suchdienste) werden Programme bezeichnet, mit denen man das Internet auf bestimmte Schlagwörter hin durchforsten kann. Unterschiedliche Suchmaschinen haben verschiedene Reichweiten ("*Altavista*" ist am umfassendsten, aber vor allem "*Google*" und auch "*Yahoo!*" oder "*Lycos*" erzielen gute Ergebnisse). Die Wahl der Suchmaschine hängt davon ab, welche Informationen man braucht. "*WhoWhere?*" sucht etwa E-mail-Adressen. Andere Suchmaschinen sind räumlich begrenzt.

Wählt man einen zu allgemeinen ***Suchbegriff***, wird man zu viele Treffer erhalten, die man nicht alle durchsehen kann. Ist der Suchbegriff zu eingeschränkt, werden eventuell wichtige Informationen fehlen. Deshalb sollte man Suchbegriffe zusammensetzen und so eindeutig wie möglich formulieren. Die meisten Suchdienste ermöglichen die Suche mit Hilfe von durch Operatoren verknüpften Suchbegriffen. Meist sind es AND (oder +), OR und NOT (oder -) oder AND NOT. Sucht man beispielsweise Informationen über die *Wampar* in Papua-Neuguinea, was ein sehr spezieller Suchbegriff ist, könnte man ihn durch die alte Bezeichnung (*Laewomba*) und den Zusatz *Markham* erweitern (das Gebiet, in dem sie leben). Daraus wird dann: Wampar OR Laewomba OR Markham. Arbeitet man mit den Operatoren OR und AND sind Klammern sinnvoll, da sie die logischen Bezüge verdeutlichen. Will man etwa nur über Wampar oder Laewomba am Markham eine Information, schreibt man: (Wampar OR Laewomba) AND Markham.

Bei anderen Suchdiensten ist auch die Angabe von NEAR möglich. Die gesuchten Begriffe dürfen dann nicht mehr als zehn Wörter voneinander entfernt stehen. Auch der Ausschluss von Begriffen kann hilfreich sein. Rosenthal gibt das Beispiel einer Suche, die Kohl, jedoch nicht den Ex-Bundeskanzler zum Gegenstand hat: kohl AND gemüse AND NOT cdu.[90] Das ließe sich auch mit Plus- und Minus-Zeichen Ausdrücken, eine von den meisten Suchdiensten akzeptierte einfachere Variante: +kohl+ gemüse-cdu. Zusammensetzungen (Phrasen) muss man entweder mit Bindestrich oder "doppelten Anführungszeichen" eingeben, sonst werden sie eventuell wie zwei Suchbegriffe behandelt. Die Regeln verschiedener

---

[90] Rosenthal 1998: 169.

Suchmaschinen sind nicht einheitlich, deshalb sollte man sich vor der Benutzung jeweils informieren. Einen Suchlauf wird man häufig in mehreren Schritten durchführen und ihn durch Hinzufügen oder Wegnehmen einzelner Bestandteile verbessern.

Zu jedem Suchvorgang sollte ein ***Protokoll*** angelegt werden, das mindestens die folgenden Angaben enthält:

- Datum der Abfrage,
- Suchweg und Suchbegriff (wie wurde er formuliert?),
- Thema, für das die Recherche gemacht wurde,
- inhaltliche Ergebnisse in Stichworten,
- Querverweise zu anderen Datenquellen.

Das ist sinnvoll, damit man später noch nachvollziehen kann, woher man mit welchen Hilfsmitteln Informationen bekommen hat. Auch um später in eigenen Darstellungen Informationen belegen zu können, sollte man sich diese Notizen machen. Für Belege ist eine genaue Angabe der Fundstelle und des Datums nötig (siehe dazu ausführlicher Kapitel ☞ **ZITIEREN UND BELEGEN**).

Im Internet erscheinen mittlerweile ethnologische Zeitschriften, die direkt einsehbar sind, etwa: "Anthropological Multimedia", "Anthropology Today" oder "Ethnologie Heute". Hier stehen Inhaltsverzeichnisse und in Ausnahmefällen die Artikel direkt zur Verfügung. Ausgaben von "Ethnologie Heute" sind umsonst einsehbar, die meisten anderen Zeitschriften müssen jedoch, genau wie herkömmliche Zeitschriften, abonniert und bezahlt werden. Meist sind im Internet Inhaltsverzeichnisse und *abstracts* zu lesen, aber Zugriff auf die Artikel haben nur Abonnenten. Hat die eigene Universitäts-Bibliothek die Zeitschrift abonniert, hat man über deren Zugang die Möglichkeit, Artikel zu lesen. Häufig kann man sie sich auch auf den eigenen Computer laden und dann als Datei aufbewahren oder ausdrucken.

Wie man es nicht machen sollte: Per E-mail kann man in Kontakt mit Fachleuten kommen oder über Mailinglisten ganze Expertengruppen befragen. Allerdings gilt auch hier, dass dies dann sinnlos ist, wenn man sich bestimmte Inhalte, um diese zu *lernen,* selbst erarbeiten soll. Arbeiten, die man selbst erledigen kann, sollte man nicht als Anfrage an andere weitergeben. Eine Kollegin erhielt etwa folgende mail, deren Beantwortung alle Bemühungen, Studierenden erste Erfahrungen mit der Literaturrecherche zu vermitteln, verhindert hätte:

Schönen guten Tag Frau Kühling!

Mein Name ist XXX und ich bin Student der
Ethnologie im 1. Semester an der Uni Hamburg.
Als Teil der Einführungvorlesung hat jeder Student
eine s.g. "Ethnienkarte" ziehen müssen. Diese Ethnie wird
ihn nun durch das gesammte Semester begleiten. Und
raten sie mal welche Ethnie ich gezogen habe, die
Dobu. Nun sitz ich hier in der Bibliothek des Instituts auf
der Suche nach Literatur über die Dobu, Herr
Malinowski ist ein guter Anfang.
Auf der Suche nach Hilfe im Internet bin ich auf Sie
gestoßen und wollte sie mal fragen ob sie mir mit
einer Literaturliste helfen könnten, oder einigen Autoren
die sich mit den Dobu im Speziellen bschäftigt haben.

Viel Dank und schöne Grüße in den Süden,
XXX

Stellt man vergleichbare Fragen in größeren Diskussionsforen, dann ist die Wahrscheinlichkeit recht groß, dass die jeweiligen Betreuerinnen der Arbeit diese Anfragen mitlesen und entsprechend reagieren. Eine entnervte amerikanische Kollegin teilte ihrem Studenten in ASAONET (s.o.) dann auch über die Liste mit, er solle seine Arbeiten bitte selbst schreiben. Sein einziger Erfolg bestand letztlich darin, sich in der wissenschaftlichen Gemeinschaft der Ozeanisten als faul "geoutet" zu haben.

Natürlich gibt es Fragen, die man an Fachleute und Kollegen stellt, wenn sie etwa die an der eigenen Universität vorhandenen Recherche-Möglichkeiten übersteigen oder wenn es um persönliche nicht publizierte Informationen, Kenntnisse oder Erfahrungen geht. Im Zweifelsfall sollten Studierende den Sinn einer solchen Anfrage vorher mit ihren Betreuern absprechen.

***Literatur zum Internet*:** Zur gezielten Nutzung des Internets kann man sich Einführungen für Geisteswissenschaftler kaufen, die den neuesten Stand der Möglichkeiten wiedergeben. Wenn es um die Verwendung von Computern für die Informationsrecherche geht, sind Bücher, wie schon erwähnt, schnell veraltet. Es ist also sinnvoll, entweder Neuerscheinungen oder Neuauflagen der hier angegebenen Titel zu suchen. Es sind nach augenblicklichem Stand: Ditfurth 1999; Hoppe und Kuhl 1996; Rosenthal 1998; Sittek 1997, Ohrmund 1999.

3. Literaturbeschaffung

Die am wenigsten häufige Art, sich ein Buch etwa für ein Referat zu beschaffen, dürfte der Kauf in einer ***Buchhandlung*** sein. Dort wird man Einführungen und Handbücher, Lexika und Wörterbücher bestellen. Ethnologische Bücher sind gewöhnlich in den Regalen von Buchhandlungen nicht allgemein vorrätig. Ausnahmen sind Taschenbücher und populäre oder halbpopuläre Werke. Ausnahmen sind auch Buchhandlungen in der Nähe von Universitäten, die ethnologische Standardwerke auf Lager haben. Man kann genau diese gewöhnlich auch per Bestellung sehr schnell bekommen. Voraussetzung ist, man hat die Literaturangabe.

Außer durch die oben genannten Zugänge kann man auf Neuerscheinungen und ältere Bücher auch durch ***Kataloge*** stoßen, Kataloge von Verlagen, Versandbuchhandlungen und Antiquariaten. Meist findet man Exemplare in den Bibliotheken der Institute, manche Werbematerialien liegen auch in Aufenthaltsräumen aus. Man erhält sie gewöhnlich regelmäßig nur dann direkt zugesandt, wenn man gelegentlich etwas bestellt. Viele Kataloge finden sich inzwischen auch im Internet.

Man wird sein Studium zwar mit den jeweils neuesten Einführungen beginnen und sich möglichst letzte Auflagen von Wörterbüchern und Handbüchern zulegen. Aber viele Standardwerke im Fach sind Jahrzehnte alt und müssen (und sollten) noch immer gelesen werden. Besonders ethnographische Arbeiten, also die Beschreibungen der Lebensweise einer menschlichen Gemeinschaft, können in diesem Sinne gar nicht veralten. Schon deshalb nicht, weil es diese Kultur in dieser Form eventuell nicht mehr gibt. Deshalb wird man sich vielleicht nicht in den ersten Semestern, aber dann sehr bald auch ältere Bücher kaufen – wenn man sie bekommen kann. Denn im Buchhandel sind sie nicht mehr erhältlich. Dafür sollte man gelegentlich durch ***Antiquariate*** gehen oder Kataloge von Antiquariaten durchsehen. Eine Ausgabe von Morgans "Ancient Society" oder Frazers "Golden Bough" (auch als Nachdruck oder Reprint), von Graebners "Methode der Ethnologie" oder Westermarcks "A Short History of Marriage", von Evans-Pritchards "Nuer" oder Leachs "Political Systems of Highland Burma" lohnt sich immer zu kaufen, und man wird sie eventuell ein Leben lang behalten und benutzen.[91] Auf der Suche

---

[91] Morgan 1964 (zuerst 1877); Frazer 1989 (zuerst 1922); Graebner 1911; Westermarck 1926; Evans-Pritchard 1978 (zuerst 1940); Leach 1979 (zuerst 1954).

nach antiquarischen Büchern helfen Internetverzeichnisse weiter, wie etwa das "Zentrale Verzeichnis Antiquarischer Bücher" (ZVAB: http://www.zvab.com) oder (Antbo: http://www.antbo.de), das Verzeichnis "Antiquarische Bücher Online".

4. Bibliotheken und Archive

Viele große Staats- oder Universitätsbibliotheken bieten zu Beginn des Semesters ***Führungen*** an. Sofern dies nicht im Rahmen des Studiums in einer Veranstaltung für Anfänger angeboten wird, sollte man selbst die Chance nutzen, an einer solchen Führung teilzunehmen. Darüber hinaus ist es sehr nützlich, sich einen Überblick zu verschaffen, welche Fach-, Seminar- und Institutsbibliotheken es in der Nähe des Studien- oder Wohnortes gibt. Meist sind es mehr als man denkt, vor allem in Großstädten. Neben den Instituten haben auch ethnologische Museen eine eigene Bibliothek, die für Studierende zugänglich ist. Für Ethnologen sind außerdem regional spezialisierte Bibliotheken von Interesse, die anderen Instituten (etwa der Afrikanistik, Altamerikanistik etc.) angeschlossen sind.

Nützlich ist es, sich nicht nur Adressen, sondern auch Richtlinien (***Bibliotheksordnungen***) für die Benutzung der wichtigsten Bibliotheken zu besorgen. Vor dem ersten Besuch sollte man in Erfahrung bringen, ob Gebühren erhoben werden und wofür, ob und wie lange man Bücher ausleihen kann oder ob es sich um eine Präsenzbibliothek handelt, Kopiermöglichkeiten bestehen, etc. Man sollte sich mit den Prinzipien der *Signaturen*, mit eventuell auszufüllenden *Stellvertretern*, mit den *Leihscheinen* vertraut machen, und sich in jedem Fall bei einer Ausleihe die *Rückgabefristen* notieren, weil bei Überziehung eventuell Gebühren fällig werden. Es ist nützlich, sich mit den Räumlichkeiten (Lesesaal, Bibliographische Abteilung, etc.), mit Öffnungszeiten, Schränken oder den Möglichkeiten, einen eigenen Arbeitsplatz zu bekommen, vertraut zu machen. Braucht man eine Publikation schnell für ein Referat, dann erspart es Zeit und Mühe, wenn man diese Informationen zur Hand hat.

Kapitel 8: Sprache und Schreiben

1. Sprache in der Wissenschaft – Wissenschaftssprache

Einen wissenschaftlichen Text – ein Buch, einen Aufsatz – zu verstehen, kann Probleme machen. Einen wissenschaftlichen Text – als Referat beim Studium etwa – zu schreiben, macht ebenfalls Probleme. Oft sind da schon Ängste *vor* dem Lesen wissenschaftlicher Veröffentlichungen: Die werden ja wohl kompliziert und unverständlich sein! Und wie schreibe ich ein Referat, eine wissenschaftliche Arbeit? Beides hat (auch) mit der Sprache in der Wissenschaft zu tun, eventuell mit "Wissenschaftssprache". Deshalb hier ein Abschnitt dazu. Zunächst: Was ist *Wissenschaftssprache*?

Das Wort wird in zwei unterschiedlichen Bedeutungen gebraucht. Zum einen bezeichnet man als "Wissenschaftssprache" die Sprache, in der sich Wissenschaftler international verständigen, heute das Englische. Früher waren das zeitweise Griechisch und Latein, Französisch und auch Deutsch. Für den vorliegenden Zusammenhang ist die zweite Bedeutung die wichtigere: Wissenschaftssprachen sind die Sprachen wissenschaftlicher Gemeinschaften. Sie sind keine "natürlichen" Sprachen wie Deutsch, Englisch oder Chinesisch, sondern "künstlich" entwickelt, auch wenn sie aus natürlichen Sprachen entstanden sind. Es gibt also in diesem Sinne nicht *die* Wissenschaftssprache, sondern viele in jeweiligen Gemeinschaften. Das gilt auch auf verschiedenen Ebenen: Nicht nur Physiker und Chemiker, Ethnologen und Volkskundler haben verschiedene Wissenschaftssprachen, sondern innerhalb der Ethnologie auch Afrikanisten und Ozeanisten, Neo-Evolutionisten und die Nachzügler der Postmoderne. Die Unterschiede können jeweils größer oder kleiner sein. Manches Sprechen in der Wissenschaft hat aber wiederum nichts mit Wissenschaftssprache zu tun.

Alle Sprachen dienen der Verständigung zwischen den Angehörigen von Gemeinschaften. "Natürliche" Sprachen sind historisch geworden und haben sich verändert. Verständlich sind sie den Mitgliedern der jeweiligen

Sprachgemeinschaft, Kinder und Fremde müssen eine solche Sprache erst lernen. Niemand würde auf die Idee kommen, den Engländern vorzuwerfen, dass ihre Sprache Nicht-Engländern unverständlich sei. Ein Problem ist, dass man auf den ersten Blick in vielen geistes- oder sozialwissenschaftlichen Fächern nicht erkennt, ob die Sprache ihrer Texte jeweils Wissenschaftssprache ist. Ihre Fachsprachen sind der Umgangssprache ähnlicher als die der Naturwissenschaftler, unterscheiden sich davon nur in bestimmten Wörtern und manchen formelhaften Wendungen. Bei Mathematikern oder Chemikern ist das eindeutiger. Deren Kürzel, Symbole und Formeln wird niemand mit Umgangssprache verwechseln.

Auch wenn es also viele verschiedene Wissenschaftssprach*en* gibt, kann man doch feststellen, was ***Sprache in der Wissenschaft*** allgemein ausmacht oder ausmachen sollte. Zunächst ist sie nicht Selbstzweck, sondern Mittel zum Zweck. Zu dem Zweck, Aussagen den Zielsetzungen von Wissenschaft entsprechend zu optimieren. Es geht vor allem um zweierlei: 1. um Eindeutigkeit und 2. um Ökonomie.

E i n d e u t i g k e i t erreicht man im Idealfall durch *Definitionen*. Eine Definition ist die Festlegung der Bedeutung eines Wortes. In natürlichen Sprachen sind Wörter eigentlich immer mehrdeutig, vieldeutig (manchmal auch zweideutig). Das kann man sich an vielen Wörtern selbst verdeutlichen. "Bank" ist etwas, worauf man sitzen kann – oder wo man sein Geld liegen hat. "Schein" kann ein Blatt Papier sein (ein Geldschein) oder im Sinne von "Anschein" gebraucht werden. "Kochen" kann bedeuten, dass jemand ein Mahl zubereitet ("ich koche uns heute mal was Schönes"), aber auch, dass etwas siedet ("das Wasser kocht"), übertragen auch, dass ich wütend bin ("ich koche vor Wut"). Im Englischen etwa wird hier ein Unterschied zwischen *to cook* und *to boil* gemacht.

Auch die Tatsache, dass ein Begriff definiert ist, muss allein noch nicht zu Verstehbarkeit für *alle* führen. Jeder Wissenschaftler kann seine eigene Definition bilden, also die Bedeutung eines Wortes festlegen. Denn Definitionen sind von Zielsetzungen, Zusammenhängen, theoretischen Grundannahmen und empirischen Kenntnissen abhängig. "Funktion" etwa ist unterschiedlich definiert worden, auch "Volk" oder "Ethnos", "Klan" oder "Stamm" und viele andere ganz zentrale Begriffe der Ethnologie. Man muss also angeben, an welche, an wessen Definition man sich hält. Das kann durch genauen Literaturbeleg, durch Bezug auf einen Autor oder eine ganze Forschungsrichtung geschehen ("Funktion im Sinne von

Radcliffe-Brown") oder durch Wiederholung der Definition im Text, wenn sonst keine Eindeutigkeit erreicht werden kann.

Eine Definition kann unlogisch oder unpraktisch sein, sie kann aber nicht "falsch" sein. Die Definition, "Kochlöffel" solle einen Kochlöffel bezeichnen, der aus Holz ist, wäre in dieser Form unlogisch (weil dasselbe Wort auf zwei Ebenen erscheint). Die Definition, "Kochlöffel" solle einen Bleistift Stärke 2 bezeichnen, ist unpraktisch. Sie liegt zu weit entfernt vom umgangssprachlichen Gebrauch. Aber man kann durchaus Wörter aus natürlichen Sprachen benutzen und ihre Bedeutung präzisieren oder verändern. Eine "Hütte" etwa ist umgangssprachlich ein kleines oder ärmliches Häuschen. Bei einer vergleichenden Untersuchung über Hausformen legte Herbert Tischner fest, das Wort "Hütte" solle ein Gebäude bezeichnen, bei dem Dach und Wand nicht getrennt sind (ein Iglu etwa oder eine Kuppelhütte).[92]

Definitionen sind Gegenstand der Wissenschaftstheorie. Man sollte sich so früh wie möglich mit ihnen beschäftigen. Kenntnisse darüber sind unbedingt notwendig für das Verständnis wissenschaftlicher Texte.[93] Aber auch mit den Mitteln einer natürlichen Sprache kann man sich eindeutig und ökonomisch ausdrücken. Das geschieht durch die ***Wortwahl***. Es gibt fast immer ein noch passenderes Wort, um genau das auszudrücken, was man meint: "Erhebung" oder "Kuppe", "Hügel", "Berg" oder "Gebirge"; "rot" oder "rötlich", "gelbrot" oder "hellrot", "purpur" oder "scharlach".

Mit zwei Sorten von Wörtern sollte man sehr vorsichtig sein. Die eine sind ***Fremdwörter***. Sie sind keineswegs wissenschaftlicher als andere. Häufig täuschen sie nur Wissenschaftlichkeit (oder Bildung) vor und behindern eher die Verständlichkeit. Ihre Bevorzugung kommt wohl daher, dass wissenschaftliche Termini, Fachtermini (also definierte Begriffe), oft Wörter aus dem Lateinischen oder Griechischen sind oder aus dem Englischen oder Französischen übernommen wurden: "Inzest" oder "Ethnographie", "Lineage" oder "Couvade". Grund dafür war entweder, dass es kein deutsches Wort für die Sache gab, dass ein Engländer oder Franzose den Begriff einführte oder dass deutlich gegenüber der Umgangssprache unterschieden werden sollte. Wenn es nicht um definierte Begriffe geht, ist "Opponent" nicht besser als "Gegner", "Ökonomie" nicht besser als

---

92 Tischner 1934.

93 Lang 1994.

"Wirtschaft", "Funktion" sogar falsch, wenn es tatsächlich um "Verwendung" geht.

Die andere Art von Wörtern, die man vermeiden sollte, sind ***Modewörter***. Sprache befindet sich in ständiger Veränderung. Aber diese Veränderung besteht aus sehr unterschiedlichen Prozessen. "Mode" ist das, was kurzfristig beliebt ist und dann wieder durch andere Moden abgelöst wird. Leider kann man meist erst nachträglich etwas als Mode erkennen. Dann nämlich, wenn nach einigen Jahren ein Ausdruck oder Sprachgebrauch wieder vergessen ist. Oft sind Modewörter besonders vieldeutig (und deshalb unter anderem auch so beliebt). Viele gehören der Jugendsprache an: "geil" etwa oder "das ist auch nicht der Bringer" oder "mega-out". Es ist sinnvoll, neue Wörter und Ausdrücke einer Sprache erst dann in wissenschaftliche Texte zu übernehmen, wenn sie in den allgemeinen Sprachgebrauch übergegangen sind. Dann hat sich ihre Bedeutung gewöhnlich eingegrenzt, und sie sind in Lexika und Wörterbücher aufgenommen worden.

Das Prinzip der Eindeutigkeit hängt eng mit einem der wichtigsten wissenschaftlichen Prinzipien zusammen: mit Überprüfbarkeit. Überprüfen kann ich eine Aussage nur, wenn sie eindeutig ist. Dass etwas "ziemlich lang" sei, kann niemand überprüfen, dass es 2,50 m lang sei, dann aber sehr wohl.

Das zweite Prinzip von Sprache in der Wissenschaft ist das der ***Ökonomie***. Wissenschaft ist weder zur Unterhaltung da noch zum Genuss. Franz Schuberts "himmlische Länge" gehört in die romantische Musik und vielleicht in literarische Werke. Wissenschaft soll und will überprüfbares Wissen und Erkenntnis vermitteln. Und das so schnell und einfach und unmissverständlich wie möglich. Die Regel muss also lauten: Wissenschaftliche Texte sollten so lang wie nötig, aber so kurz wie möglich sein. Eine Botschaft soll vermittelt werden, eine Tatsache, eine Überlegung, eine Frage.

Deshalb auch zu meiden: ***Füllwörter***. Sie stimmen teilweise mit den Modewörtern überein. Schon seit einiger Zeit ist "irgendwie" so ein Füllwort. "Irgendwie ist das nicht gut." Klar, alles ist *irgendwie* nicht gut. Aber wie? Ähnlich steht es um das Wort "interessant". "Die Frage ist sehr interessant". Vielleicht ist sie das. Aber warum, bitte? Solche meist nichts sagenden Wörter sind auch "ziemlich" oder "echt", "wohl" oder "halt" oder "natürlich". Füllwörter täuschen oft Bedeutung vor, die nicht da ist. Und sie verlängern den Text, wo es nicht nötig ist. Also: Weglassen, was nicht notwendig zum Verständnis ist, es vielleicht sogar behindert und Bedeutung vortäuscht.

In dieselbe Kategorie gehören ***Phrasen*** und so genannte "***Vorreiter***" wie "Man kann wohl sagen, dass ..." oder "Wie könnte es auch anders sein ...". Auch viele Sprichwörter gehören hierher, wie "Aller guten Dinge sind drei" oder "Ein Unglück kommt selten allein".

Lange Sätze, Bandwurmsätze mit komplizierten Satzkonstruktionen, mögen stilistische Fähigkeiten nachweisen, aber sie sind einem schnellen Verständnis nicht gerade förderlich. Hier sollte man sich eher Kurt Tucholsky zum Vorbild nehmen als Thomas Mann. Damit deutlich wird, was gemeint ist, hier ein einziger Satz von Thomas Mann (aus dem "Zauberberg"):[94]

> "Dem einzelnen Menschen mögen mancherlei persönliche Ziele, Zwecke, Hoffnungen, Aussichten vor Augen schweben, aus denen er den Impuls zu hoher Anstrengung und Tätigkeit schöpft; wenn das Unpersönliche um ihn her, die Zeit selbst der Hoffnungen und Aussichten bei aller äußeren Regsamkeit im Grunde entbehrt, wenn sie sich ihm als hoffnungslos, aussichtslos und ratlos heimlich zu erkennen gibt und der bewußt oder unbewußt gestellten, aber doch irgendwie gestellten Frage nach einem letzten, mehr als persönlichen, unbedingten Sinn aller Anstrengung und Tätigkeit ein hohles Schweigen entgegensetzt, so wird gerade in Fällen redlicheren Menschentums eine gewisse lähmende Wirkung solches Sachverhalts fast unausbleiblich sein, die sich auf dem Wege über das Seelisch-Sittliche geradezu auf das physische und organische Teil des Individuums erstrecken mag."

Dagegen ein paar Sätze aus Kurt Tucholskys "Der Portier":[95]

> "Der Portier hat einen Stehbauch und ist ein stattlicher Mann. Er war früher herrschaftlicher Diener oder Schutzmann. Er ist 1,80 Meter groß und hat, wenn er nicht glattrasiert ist, einen martialischen Schnurrbart. Der Portier kennt alle Leute des Hauses und grüßt sie morgens, wenn sie kommen. Er grüßt genau abgestuft: den Chef militärisch, straff und untergeben, mit einer Miene, die besagt: 'Wir zwei beide gehören doch zusammen!' – die unterstellten nachgeordneten Direktoren sehr höflich und mit einer gewissen Anerkennung, die Prokuristen höflich; die gewöhnlichen Angestellten kurz, aber sachlich, die Lehrlinge gar nicht."

"Hauptsätze. Hauptsätze. Hauptsätze." sind Tucholskys "Ratschläge für einen guten Redner"[96] (viel weniger übrigens als das, was er in "Ratschläge für einen schlechten Redner" sagt). Man sollte sich daran halten.

Zu den Umständlichkeiten der Sprache gehören viele *Substantivierungen*, etwa: "Die Herstellung der Netztaschen wird von Frauen übernom-

---

94 Mann 1943, I: 46.

95 Tucholsky 1966, I: 53 (zuerst 1924).

96 Ebd.: 189 (zuerst 1930).

men", statt "Frauen stellen die Netztaschen her". Auch *Passiv-Formulierungen* sind häufig unnötig: "Der Ton wird vom Töpfer geschlagen, geknetet und geformt" statt: "Der Töpfer schlägt, knetet und formt den Ton." Verben im Aktiv machen den Text lebendiger und einfacher verständlich. Passive Formulierungen können dann sinnvoll sein, wenn der Gegenstand, mit dem etwas gemacht wird, betont werden soll oder im Mittelpunkt steht. *Aufzählungen in der Satzmitte* sollten vermieden werden, weil sie Sätze unübersichtlich machen, beispielsweise: "Wampar-Frauen nehmen Netztasche, Grabstock und ihre Kinder mit in den Garten, wenn sie vorhaben, dort längere Zeit zu arbeiten." Besser: "Wenn Wampar-Frauen in den Garten gehen, um dort längere Zeit zu arbeiten, nehmen sie Netztasche, Grabstock und ihre Kinder mit".

Stil. Natürlich hat jeder Mensch seinen eigenen Stil. Und natürlich kann und darf man unter bestimmten Umständen gegen alle Regeln verstoßen. Aber zunächst sollte man die Grundbedingungen wissenschaftlichen Schreibens lernen. Und die sind eben: Eindeutigkeit und Ökonomie. Es gibt ganze "Stillehren"[97] und Anleitungen zum "kreativen Schreiben" oder neudeutsch zum "*free writing*".[98] Wer sich weitergehend informieren will, kann diese Schriften zu Rate ziehen. Im Allgemeinen reicht es jedoch, sich an wenige Regeln zu halten und vor allem: zu üben. Dazu muss man eigene Texte immer wieder anderen zeigen, besprechen und Hinweise auf Unklarheiten und Fehler berücksichtigen. Nur durch Schreiben, Kritik und Korrektur lernt man etwas hinzu.

Gelingt es wieder und wieder nicht, einen bestimmten Gedanken klar zu Papier zu bringen, kann das auch daran liegen, dass er nicht weit genug durchdacht ist. Nur was wirklich verstanden und gut durchdacht ist, kann auch für andere verständlich wiedergegeben werden. Wie sollen andere etwas verstehen, das man selbst noch nicht verstanden hat? Oft ist es auch hilfreich, sich vorzustellen, man erläutere das Problem mündlich einer bestimmten Person. Manchmal gelingt es so, einen unüberschaubaren Sachverhalt zu vereinfachen und klarer auszudrücken. Mit solchen Stellen eines Textes, die einem unlösbar erscheinen, sollte man sich jedoch nicht zu lange beschäftigen. Manchmal hilft Abstand, um in einem neuen Versuch das Problem zu lösen. Sowohl beim Schreiben als auch beim Lesen sind Pausen und Abwechslung in den Tätigkeiten wichtig. Die Konzentra-

---

[97] Etwa: Reiners 1991.

[98] Etwa: Werder 1993.

tion lässt sonst nach, und Ergebnisse werden immer schlechter. Dazu ist wiederum die Zeitplanung wichtig: Nur wenn man seine Arbeit in realistische Abschnitte und Zeiteinheiten einteilt, hat man die Möglichkeit, abzuwechseln und Pausen zu machen. Wer im letzten Moment einen Text fertig stellen muss, wird unkonzentriert und unter Druck arbeiten, kann keinen Abstand mehr zu dem Geschriebenen bekommen und wird vermehrt Fehler machen oder übersehen.

2. Vier Beispieltexte

Nicht jeder wissenschaftliche Text entspricht dem bisher Vorgeschlagenen. Nicht jeder Wissenschaftler beherrscht wissenschaftliches Schreiben perfekt oder auch nur gut. Das muss ihn noch nicht einmal zu einem schlechten Wissenschaftler machen. Es gab zu Recht berühmte Gelehrte, die grauenhaft und fast unlesbar geschrieben haben, etwa der organisatorische Begründer der deutschen Ethnologie, Adolf Bastian. Seine berüchtigten verschachtelten, umständlichen, mit Exkursen, Nebenbemerkungen und unnötigen Fremdwörtern versetzten Bandwurmsätze lassen auch etablierte Wissenschaftler verzweifeln. Hier ein Abschnitt aus seinem "Die Völkerkunde und der Völkerverkehr":[99]

> "Da das Untersuchungsobject realiter noch nicht vorliegt (im optischen Gesichtskreis der Visio mentis) auf dem 'Globus intellectualis', muss [aus den (geographisch-historisch) actuell realisierten Erscheinungsformen desselben] das Beobachtungsmaterial vorher zusammengetragen sein, für die (allgemeine) Ethnologie; durch die specielle Ethnographie (in Verbindung mit der Anthropologie). Solches (Beobachtungs- oder) Arbeitsmaterial setzt sich zusammen aus den Texten der Culturvölker [unter Absehung von den der Chroniken occidentalischer 'Weltgeschichte' (als der von uns selbst gelebten) angehörigen] und ethnologischen (oder ethnographischen) Sammlungen, welche einestheils die historischen Documente der Literatur durch archäologische (und folkloristische) Ergänzungen weiter illustriren und andererseits (bei den Analphabeten, auf primärem Niveau) die Urkunden selber (in Supplementen, aus Vorstufen der Schrift) zu liefern haben; aus deren ornamentalen Symbolen das dort (dactylogisch) eingedrückte Gedankenleben [der aus dem Händewerk (einer Fingersprache) psychisch anhaftende oder (im Rauch) eingeblasene Anhauch] zu entziffern und zu lesen sein wird (im 'Buche der Natur', ... "

Die schwere Verständlichkeit des Textes hat nichts mit Wissenschaftlichkeit zu tun, sondern mit sprachlicher Unfähigkeit oder schlichter Rücksichtslosigkeit gegenüber dem Leser. Bastian konnte nämlich auch anders, wie einige seiner Veröffentlichungen zeigen. Es wäre eine nicht

---

99 Bastian 1900: 133f.

uninteressante Aufgabe, diesen Text verständlich zu machen, indem man ihn in kurze, verstehbare Sätze auflöst.

Andererseits sind manche der international berühmtesten Ethnologen wohl vor allem deshalb so bekannt geworden, weil sie besonders allgemeinverständlich schreiben konnten. Hier der Beginn des zweiten Kapitels, "Ein Tag in Samoa", aus Margaret Meads bekanntestem – und später umstrittensten – Buch "Kindheit und Jugend in Samoa". Auch die deutsche Übersetzung gibt die romantische Haltung und sehr populäre Schreibweise noch wieder:[100]

> "Das Leben des Tages beginnt in der Morgendämmerung; wenn der Mond bis zum Tagesanbruch geschienen hat, sind die Rufe der jungen Männer auch schon vor der Dämmerung von den Hügeln zu hören. Nach der unbehaglichen, von Geistern bevölkerten Nacht schallen nun fröhliche Zurufe von einem zum andern, während sie eilig mit ihrer Arbeit beginnen. Sobald der Tag zwischen den sanften braunen Dächern dämmert und die schlanken Palmen sich vom farblosen, glitzernden Meer abheben, schlüpfen Liebende vom Stelldichein unter Palmen oder auf dem Strand im Schatten von Kanus nach Hause, damit das Licht jeden Schläfer am richtigen Ort findet. Hähne krähen schläfrig, und von den Brotfruchtbäumen ertönt eine schrille Vogelstimme. Das eindringliche Tosen der Riffsee scheint plötzlich gedämpft – nur noch Begleitmusik für die Geräusche des erwachenden Dorfes ..."

Das ist kein "wissenschaftlicher Text", es ist nicht Wissenschaftssprache. Aber das war auch nicht beabsichtigt. Die Wirkung in die Öffentlichkeit war vorrangig. Publikum waren weniger andere Wissenschaftler als die US-amerikanische Gesellschaft der dreißiger Jahre. Ob dieser Text etwas mit der Wirklichkeit zu tun hat, ist dann eine Frage der Quellenkritik.

Aber das Urteil, ob ein wissenschaftlicher Text gut oder schlecht ist, kann ein Anfänger in der Wissenschaft noch nicht fällen. So wenig, wie ein Schüler nach dem ersten (oder zweiten oder vierten) Jahr Englisch in der Schule die Qualität englischer Texte beurteilen kann. Selbstkritische und skeptische Haltung ist also nötig, ehe man zu entscheiden versucht, ob die eigenen Kenntnisse der jeweiligen Wissenschaftssprache noch fehlen, wenn man einen Text nicht versteht, oder ob der Autor einfach schlecht und schwülstig geschrieben hat. Hier so ein Beispiel, das man für sich nach sorgfältiger Überlegung beurteilen sollte:[101]

> "Das Paradox der Alterität zugestehen bedeutet somit auch, der Endlichkeit, der Vielfalt und Differenz, der Diskontinuität und Inkohärenz den Vorzug zu geben. Es be-

---

[100] Mead 1970: 41 (zuerst 1928).

[101] Mersch 1997: 44.

deutet zugleich, eine Philosophie des Maßes, der Bescheidung zu vertreten. Wie immer das konkrete Verhältnis zum Anderen aussehen mag, wie immer wir es auf uns zukommen lassen, ob wir das Ereignis der Fremdheit gewähren, seine unwiderrufliche Singularität annehmen, sei es in Form einer ursprünglichen Anerkennung, der Wahrung seines Bezirks, der Nächstenliebe, der *Agapé* oder des Abenteuers einer rückhaltlosen Öffnung: Es ist vor allen Dingen ein performativer Akt."

Und damit es nicht so aussieht, als wäre nur das, was Wissenschaftler schreiben, manchmal verquast und scheinwissenschaftlich, hier ein wunderschöner Absatz aus einem völlig anderen Bereich. Jeder Beruf hat seine eigene Sprache. Aber es sind die darin Arbeitenden, die aus Sprache Geschwätz machen können:

"Ich habe vielleicht etwas Weltverbesserndes. Mein Leben ist eine giving-story. Ich habe verstanden, daß man contemporary sein muß, das future-Denken haben muß. Meine Idee war, die hand-tailored-Geschichte mit neuen Technologien zu verbinden. Und für den Erfolg war mein coordinated concept entscheidend, die Idee, daß man viele Teile einer collection miteinander combinen kann. Aber die audience hat das alles von Anfang an auch supported. Der problembewußte Mensch von heute kann diese Sachen, diese refined Qualitäten mit spirit eben auch appreciaten. Allerdings geht unsere voice auch auf bestimmte Zielgruppen. Wer Ladysches will, searcht nicht bei Jil Sander. Man muß Sinn haben für das effortsless, das magic meines Stils."

Wau ..., nein Wow! Wat'n Text! So die Modemacherin Jil Sander.[102] Wissenschaftler können das bestimmt nicht besser.

3. Schreiben – für wen?

Wie kurz oder ausführlich und wie überhaupt ein wissenschaftlicher Text sein soll oder darf, hängt von dem Empfänger der Botschaft ab, vom Adressaten, vom Leser (oder Hörer). An wen also richtet sich ein Aufsatz, ein Buch, ein Vortrag, ein Referat? Der Kontext ist entscheidend. Da ist zunächst die Unterscheidung zwischen '***innerwissenschaftlich***' und '***außerwissenschaftlich***'. Ein Text, der für andere Wissenschaftler geschrieben wurde, ist anders formuliert als einer, der sich an ein nichtwissenschaftliches Publikum wendet. Innerhalb der Wissenschaft kann ich Dinge voraussetzen, die ich einem allgemeinen Publikum erläutern, die ich ausführen muss.

Aber auch innerhalb der Wissenschaft gibt es ***Ebenen der Kompetenz***, der Kenntnis, der Zuständigkeit. Chemiker und Ethnologen haben wenig gemeinsam, Archäologen und Ethnologen sehr viel mehr. Bücher oder Aufsätze für Wissenschaftler allgemein dürfte es kaum geben (das ist

[102] Nach DER SPIEGEL 14/1996, S. 270.

schon die Ebene der allgemein "Gebildeten"). Aber es gibt zum Beispiel Zeitschriften, in denen Archäologen, Ethnologen, Linguisten und physische Anthropologen schreiben, "Current Anthropology" etwa. Zwischen ihnen als Angehörigen der "Wissenschaften vom Menschen" gibt es zumindest Teilübereinstimmungen auch in der Sprache. Jeder wird aber einige Spezialkenntnisse erläutern müssen, die den jeweils anderen nicht vertraut sind. Etwa regionale und lokale Informationen über Polynesien oder die polynesische Kultur; darüber, was *mauri* bedeutet (Lebenskraft oder Seele) oder dass *Apolima* eine Insel in West-Samoa ist. In einem Aufsatz in der Zeitschrift "The Journal of the Polynesian Society" wird man diese Informationen nicht geben. Das ist eine Zeitschrift der Polynesien-Spezialisten.

Für wen schreiben Studierende ihre Referate und Hausarbeiten, ihre Klausuren oder Magisterarbeiten? Wem sollen sie verständlich sein? Sie werden doch gar nicht veröffentlicht! Die Antwort muss auf mehreren Ebenen liegen: Zum einen schreiben Studierende für die (vorgestellte) wissenschaftliche Gemeinschaft des Faches, das sie studieren. Sie erlernen und trainieren die Wissenschaftssprache dieser Disziplin, einschließlich der Definitionen und üblichen Formulierungen. Zum anderen aber schreiben sie für diejenigen, die direkt ihre Texte lesen oder hören: die anderen Studierenden und/oder die Lehrenden. Hier sollte man auch pragmatisch denken. Es sind die Lehrenden, die beurteilen. Es sind die Lehrenden, deren Auffassungen von Wissenschaft und wissenschaftlichen Texten gelten. Also sollte man sich auf sie einstellen, sich vielleicht auch mit deren Texten vertraut machen. In späteren beruflichen Kontexten – in Medien, Verwaltung, Öffentlichkeitsarbeit, Tourismus oder Entwicklungspolitik – sind andere sprachliche Konventionen, andere Schreibstile üblich. Sie alle zu lehren, kann aber nicht Sache der Universität sein.

KAPITEL 9: Texte und Manuskripte

1. Hausarbeiten und andere Texte

So ziemlich die erste eigene Leistung, die von Studierenden verlangt wird, ist die Erstellung eines "***Referats***", genauer: eines "schriftlichen Referats". An manchen Instituten, in manchen Fächern heißt das "***Hausarbeit***". Gemeint ist damit die schriftliche Ausarbeitung eines Themas, zu dem man gewöhnlich zunächst einen mündlichen Vortrag (ein "mündliches Referat") in einem Seminar gehalten hat. Inhaltlich kann das die referierende Wiedergabe eines Aufsatzes oder Buches sein oder die zusammenfassende Darstellung zu einem Thema aus mehreren Quellen mit kritischer Auseinandersetzung. Jedenfalls muss man einen schriftlichen Text erstellen und dem Seminarleiter abgeben, der ihn (hoffentlich) durchsieht, korrigiert und mit dem Referenten bespricht. Ein solcher Text sollte formal den Anforderungen an ein wissenschaftliches Manuskript entsprechen. Wissenschaftliche Texte zu schreiben und Manuskripte herzustellen sind also die Lernziele neben den jeweiligen inhaltlichen Themen.

In der Wissenschaft gibt es eine Fülle unterschiedlicher Textsorten, die Studierenden zwar bald vertraut werden, von denen sie sich aber aktiv zunächst wenige selbst aneignen müssen. Da sind Forschungsberichte und -protokolle, Kataloge, Listen und Beschreibungen, Rezensionen (Buchbesprechungen) und Nekrologe (Nachrufe), Vorworte, Einführungen und Zusammenfassungen, fremdsprachige *abstracts*, Referate, Gutachten und anderes. Alles ist formal nicht ganz festgelegt, es wird oft durch Forschungsinstitutionen, Herausgeber, Redaktionen oder Verlage von Zeitschriften, Serien, Reihen oder Sammelbänden genauer bestimmt. Die Erstellung der meisten dieser Textsorten werden Studierende erst nach dem

Magisterabschluss durch Versuch und Irrtum lernen und wohl nur dann, wenn sie in der Wissenschaft bleiben (etwa als Doktoranden).

Im Studium sind es einzelne Lehrende oder die Studienordnungen von Instituten, die die Bedeutung dessen festlegen, was jeweils etwa unter "Hausarbeit", "schriftliches Referat", "Praktikumsbericht", "Sitzungsprotokoll", "Klausur" etc. zu verstehen ist. Studierende werden sich also im Eigeninteresse informieren, wie es damit an dem Institut steht, an dem sie studieren. Und sie werden sich bemühen, Korrektur und Kritik dazu von Lehrenden zu erhalten.

Auf zwei Arten von Texten soll jedoch kurz hingewiesen werden, weil sie schon während des Studiums von Bedeutung sein können. Da ist zum Ersten das ***Exposé***, auch "Konzept" oder manchmal Neudeutsch "Proposal" genannt, ein Entwurf, eine Skizze, ein Vorschlag, ein Plan, wie Wörterbücher verdeutlichen. Das Wort geht auf das Lateinische *exponere* zurück, das etwa "offen hinstellen, vor Augen stellen; darlegen, erörtern" bedeutet.

Ein Exposé schreibt man, um jemandem ein Vorhaben knapp und überzeugend vorzustellen, etwa eine geplante Magisterarbeit, eine Feldforschung, ein Berufspraktikum, oder ein Vorhaben, das durch eine Förderinstitution (etwa den DAAD) finanziert werden soll. Gewöhnlich schreiben Studierende ihr erstes Exposé in der zweiten Studienphase. Die beiden Wörter "knapp" und "überzeugend" sind entscheidend. Knapp – damit es überhaupt gelesen wird (von dem ausgelasteten Professor gelesen werden kann); überzeugend – damit der Lesende dem Vorhaben zustimmt. *Wie knapp*, ist teils eine Frage der Einschätzung, teils der Bestimmungen oder Vorgaben des Instituts oder des Lehrenden. Im Allgemeinen dürfte aber der Gesamtumfang nicht über etwa 5 Seiten liegen *Wie überzeugend*, ist eine Frage weniger der Ehrlichkeit, als der Vernunft: Probleme, Risiken, Unsicherheiten, fehlende Informationen müssen in jedem Fall deutlich gemacht werden. Der Beurteilende soll die Grundlage für eine Auseinandersetzung darüber bekommen, die ja im Interesse des Studierenden liegt. Wer beispielweise eine Magisterarbeit über Brasilien schreiben möchte, muss deutlich machen, wenn er nicht Portugiesisch kann und darlegen, was er zu tun gedenkt oder warum in diesem Fall die Sprachkenntnisse nicht nötig seien. Andernfalls geht der Dozent selbstverständlich davon aus, dass der Kandidat die Landessprache beherrscht und das dicke Ende kommt dann nach Abgabe der Arbeit.

Ein Exposé soll knapp, präzise und lesbar formuliert sein. Dass aber gerade ein solcher Vorschlag alle Anforderungen an Sorgfalt wissenschaftlichen Arbeitens berücksichtigen muss (Formatierung, Rechtschreibung, Belege, Literaturangaben, etc.) versteht sich aus der Zielsetzung von selbst. Welche Elemente es enthalten sollte, ist zwar meist Sache der Lehrenden oder Institute, einige Bausteine müssen aber immer enthalten sein:

- Name, Adresse, Telefon, E-mail-Adresse des/der Studierenden, Datum.
- Semesterzahl, abgelegte Prüfungen, Nebenfächer, sonstige Ausbildung.
- Titel oder Thema des Vorhabens.
- Knappe Zusammenfassung der Fragestellung (ca. 15 Zeilen).
- Zusammenhang des Vorhabens im weiteren Bereich der Forschung / des Faches / des Instituts / der Praxis.
- Stand der Forschung zum Thema.
- Theoretische Zusammenhänge.
- Quellenlage und -beurteilung.
- Eigene Vorkenntnisse und geleistete Vorarbeiten.
- Anzuwendende Methoden.
- Ablauf und Zeitplan.
- Eventuell notwendige finanzielle Mittel (bei Finanzierungsanträgen).
- Gliederung oder Inhaltsverzeichnis.
- Verzeichnis bearbeiteter und zu bearbeitender Literatur.

Ein Exposé ist grundsätzlich ein vorläufiger Text, der den derzeitigen Stand der Planung und Arbeit an einem Vorhaben wiedergibt. Zum Zeitpunkt der Besprechung mit einem Dozenten kann alles schon wieder weiter sein. Dann ist es trotzdem eine nützliche Diskussionsgrundlage. Der/die Lehrende kann (und sollte) eine überarbeitete, ergänzte, veränderte Fassung nach der Besprechung verlangen, wenn sich neue Gesichtspunkte ergeben haben.[103]

Eine in der Ethnologie offenbar nur an wenigen Instituten gepflegte Form schriftlicher Leistungen Studierender ist der wissenschaftliche ***Essay***. Diese Textgattung scheint in der Soziologie und in englischsprachigen Ländern eine sehr viel größere Bedeutung zu haben.[104] Das Problem

---

[103] Stickel-Wolf und Wolf 2001: 98f.

[104] Ernst et al. 2002: 154ff.

ist, dass es keine festgelegte Form dafür gibt. Der Essay bestimmt sich eher durch die Zielsetzung und einen gewissen literarischen Anspruch. In knapper und sprachlich anspruchsvollerer Form soll ein neuer oder unvertrauter Bereich, eine bisher nicht behandelte Fragestellung, sollen nicht berücksichtigte Aspekte dazu behandelt, neue Ideen vorgestellt oder kritisch und skeptisch angegangen werden. Dabei dürfen Vermutungen, erste Verknüpfungen, dürfen unbewiesene Möglichkeiten, unbelegte Argumente oder provokative Kritik geäußert werden. Es geht also nicht um die Vorlage abgesicherter und beweisbarer Tatsachen, sondern um intellektuelle Erkundung, das kreative Sich-Nähern an Unbekanntes und Ungesichertes.

Man kann etwa eine Einzelbeobachtung zum Anlass nehmen, um durch Bezug auf Bekanntes, auf andere Tatsachen oder Theorien neue Aspekte zu entwickeln. Die Ablehnung einer Heirat zweier junger Leute in einem Dorf in Neuguinea war ein solcher Anlass. Der Vater der jungen Frau hatte den jungen Mann, einen Fremden, bei sich aufgezogen. Nun kann man sich etwa fragen, wie das Verhältnis von "Verwandtschaft" und "Aufziehen" in dieser Gesellschaft ist, ob sich Verwandtschaft wirklich auf biologische Tatsachen bezieht, wie sich "Familie" und "Haushalt" überschneiden, ob "Aufziehen" hier als "Adoption" zu verstehen ist, wie in einem solchen Fall der Brautpreis (innerhalb des Haushalts?) gezahlt werden sollte, ob die fremde Herkunft eine Rolle spielte – oder ob der Vater des Mädchens den jungen Mann schlicht nicht mochte und damit persönliche Beziehungen wichtiger als kulturelle Regeln waren.

Essays werden gelegentlich als schriftliche Leistungen im Rahmen eines Seminars verlangt. Der Übergang zu "Hausarbeit" oder "schriftlichem Referat" wird deutlich. Gegenüber dem bloßen Referieren, also verkürzter Wiedergabe des Inhalts einer oder mehrerer wissenschaftlicher Arbeiten, hat der Essay sicherlich den Vorteil des Einübens wissenschaftlicher Argumentation und Verknüpfung von Tatsachen und Ideen.

Der Wissenschaftsprozess endet (scheinbar) mit der Veröffentlichung eines Buches oder Aufsatzes, das oder den ein Wissenschaftler geschrieben hat. Also mit der Publikation der Ergebnisse. Ohne Veröffentlichung keine Wissenschaft. Das "scheinbar" bezieht sich darauf, dass jetzt erst die Auseinandersetzung in der wissenschaftlichen Gemeinschaft losgehen sollte, in deren Verlauf über den Wert, die Wahrheit, die Brauchbarkeit des Publizierten entschieden wird. Allerdings wird über den größeren Teil aller Publikationen *nicht* diskutiert, sie werden ohne Auseinandersetzung beiseite gelegt. Das hat mit der riesigen wissenschaftlichen Textproduktion zu tun, mit der man sich längst nicht mehr auseinandersetzen kann. Es gibt zudem jeweilige Moden des Interesses, Themen, auf die man sich stürzt, während anderes nicht beachtet wird. Ältere Arbeiten können damit Fundgruben nicht beachteter Wahrheiten sein. – Aber zunächst muss ein Text geschrieben sein, der publiziert werden kann (oder könnte).

2. Manuskripte

Vor dem Druck – oder einer Publikation auf andere Weise, etwa im Internet – liegt aber etwas, das es wörtlich gar nicht mehr gibt, das "***Manuskript***". Denn das Wort bedeutet wörtlich "mit der Hand Geschriebenes" (Lat. *manuscriptum*). Und wer schreibt schon noch mit der Hand die Vorlage für eine Veröffentlichung, etwas, das andere lesen sollen? Gemeint ist die Vorlage für den Druck, die tatsächlich vor gar nicht so langer Zeit (nämlich noch lange im zwanzigsten Jahrhundert) mit der Hand geschrieben wurde. Als dann Schreibmaschinen üblich wurden, nannte man die Schreibmaschinenfassung "*Typoskript*". Das Wort hat sich nicht lange gehalten, so wie Schreibmaschinen nur noch eine Übergangstechnik darstellen. Man bleibt bei "Manuskript", um damit jede Druckvorlage zu bezeichnen.

Zur Erinnerung noch etwas über den Ablauf bei der Herstellung einer Veröffentlichung, so wie das bis in die sechziger Jahre noch üblich war und gelegentlich noch anzutreffen ist: Man schickte sein (getipptes) Manuskript an die Redaktion oder an den Verlag. Dort gab es einen Redakteur und/oder Lektor, der den Text auf Schlüssigkeit, Eindeutigkeit, Umfang, Einhaltung der Formalia bei Literaturangaben etc. durchsah – und auf Rechtschreibung und Zeichensetzung. Eventuell kam dann das Manuskript an den Autor zurück mit Bitten um Veränderung, Ergänzung oder Korrekturen, mit Vorschlägen zur (stilistischen, inhaltlichen) Verbesserung. Der Autor brachte seine Korrekturen an und schickte wieder alles an den Verlag.

Das Manuskript ging dann an den Setzer, der den zu druckenden Text herstellte (er "setzte" ihn). Der "Satz" wurde auf langen Papier"fahnen" ("*Korrekturfahnen*") ausgedruckt und ging an den Autor mit der Bitte um *Korrekturen* eventueller Fehler des Setzers. Dafür gab (und gibt) es eine ganze Reihe von *Korrekturzeichen*, die man aber schnell lernen kann. Sie sind in jedem Konversationslexikon nachzulesen. Damit der Autor nun nicht zu viele Änderungen anbrachte, gab es meistens einen Vertrag, der besagte, dass nicht mehr als 10% der Korrekturen "Autorenkorrekturen" sein durften. Was darüber hinausging, musste der Autor bezahlen. Die "*Fahnenkorrektur*" ging zurück an Verlag oder Redaktion. Dort, bzw. in der Druckerei, wurde der "Umbruch" gemacht, d.h., der korrigierte Text wurde auf Seiten des jeweiligen Formats verteilt, sinnvolle Absätze und Abstände wurden angebracht. Wieder wurde alles ausgedruckt und an den Autor geschickt: die "*Umbruchkorrektur*". Erst wenn diese wieder von ihm korrigiert und mit einem "druckfertig" versehen war, konnte (und durfte) gedruckt werden.

Wozu diese ausführliche Darstellung? Um verständlich zu machen, wie Bücher und andere Druckschriften bisher entstanden sind und welcher Zeitaufwand nötig war. Man sollte etwas über die Dinge wissen, mit denen man täglich (und vielleicht für den Rest seines Lebens) umgeht. Wichtiger aber ist dies: Zwar gibt es bei einigen Zeitschriften und Verlagen noch immer den beschriebenen Prozess, aber er wird immer seltener. Und immer üblicher wird die Aufforderung, eine Diskette oder CD-ROM zu schicken nach genauen Vorschriften zur Formatierung. Bücher werden immer häufiger nach Vorlagen gedruckt, die der Autor fix und fertig hergestellt haben muss. Kein Lektor, kein Setzer mehr, keine Korrekturfahnen, keine Umbruchkorrektur. Vielleicht noch ein Redakteur (einer Zeitschrift) oder Herausgeber (eines Sammelbandes), Kollegen, die die Rechtschreibung auch nicht besser beherrschen als die Autoren.

Das bedeutet, dass alles das, was ein Manuskript auch formal ausmacht, vom Autor selbst beherrscht und produziert (und verantwortet) werden muss, nicht bloß der Inhalt. Er muss die Rechtschreibung beherrschen und die Regeln der Zeichensetzung. Er muss für Einheitlichkeit der Überschriften und Fußnoten, der Literaturangaben und Zitate sorgen, Schriftgröße und Schriftart, Hervorhebungen sowie Absätze und Umbruch bestimmen. Das macht erheblich mehr Arbeit als früher und setzt mehr Kenntnisse voraus, auch wenn (bei Zeitschriften etwa) die Formatierung vorgegeben wird und der Computer die Arbeit sehr erleichtert. – Aber lernen und trainieren muss man das, und auch dazu sollten die schriftlichen Aufgaben während des Studiums dienen.

3. Schritte zum Text

In den vorhergehenden Kapiteln wurde bereits behandelt, welche Schritte nötig sind, bis man mit dem Schreiben eines Textes beginnen kann: Gezieltes lernendes Lesen – Exzerpieren – Themenstellung – Literatursuche – Literaturbeschaffung – Datenbezogenes Lesen – Exzerpieren – Ablage. Nach diesen Schritten liegen die notwendigen Informationen und Kenntnisse vor, um mit dem Schreiben des Textes zu beginnen. Ein Element daran ist aber so wichtig, dass man es ausformuliert sofort und jederzeit vor sich liegen haben muss: das ***Thema***. Genauer sogar: Das Thema (des Referats, des Vortrags, des Aufsatzes) in seinem Rahmen, seinem ***Kontext*** (des Seminars, der Vortragsreihe, des Sammelbandes). Es ist erschreckend, wie häufig man sagen muss: Thema verfehlt, kein Bezug zum Seminarthema oder passt nicht in den Sammelband. Ohne Klarheit über das Thema keine sinnvolle Organisation eines Textes.

Tatsächlich liegen häufig schon einige Texteile vor, Versatzstücke sozusagen, die man für den endgültigen Text verwenden kann: wörtliche Zitate, zusammenfassende Darstellungen und Beurteilungen. Wichtiger ist aber, dass in Wirklichkeit nicht unabhängig voneinander aufeinanderfolgende Schritte gemacht wurden, sondern dass gleichzeitig eine Auseinandersetzung stattgefunden hat (im eigenen Kopf und vielleicht im Gespräch mit anderen), und so etwas wie ein Gesamtbild entstanden ist: ein ***Schema*** der Darstellung, eine Struktur der Argumentation, eine Vorstellung vom Ablauf. Und genau das sollte man in einem ersten Schritt niederschreiben. Das kann je nach Thema Unterschiedliches sein: Ein Ablaufschema der Darstellung, ein Flussdiagramm, eine Abfolge der Einzelthemen, eine Gliederung.

Eine andere Möglichkeit, sich das Ganze, den Gesamtzusammenhang des Darzustellenden klar zu machen, ist der Versuch, eine erste ausformulierte (also nicht stichwortartige) Zusammenfassung zu schreiben, ein ***Konzept*** von etwa einer Seite. So etwas Ähnliches stellen übrigens die zusammenfassenden Beschreibungen und Beurteilungen der Exzerpte schon dar, die man vorher von Büchern und Aufsätzen geschrieben hat. Nun kann man dasselbe einfach umdrehen: nicht mehr Zusammenfassung, was ist, sondern Zusammenfassung, was sein sollte. Man zwingt sich selbst dadurch, Zusammenhang und Ablauf zu sehen. Konzepte schreibt man im Ablauf des Studiums und danach auch in anderen Zusammenhängen immer wieder: Planungen für eine Magisterarbeit, für eine Dissertation, ein Forschungsvorhaben oder eine Ausstellung.

Dabei ist zweierlei wichtig. Zum Ersten: Dieses Konzept (ebenso wie das Schema) verändert sich mit der Zeit im Ablauf der Arbeit am Text. Es ist immer vorläufig. Und zum Zweiten: Aufgrund dieses Konzeptes werden Lücken in Kenntnissen und Daten bewusst, und man tritt eventuell wieder in frühere Phasen der Datengewinnung ein, also der Literatursuche – Literaturbeschaffung – des Lesens und Exzerpierens. Alles sind nur Teile in einem ***Prozess***, der jederzeit an irgendeiner Stelle wieder von vorn anfangen kann (und muss).

Das ***Schreiben*** selbst kann dann an irgendeiner Stelle des Textes beginnen. Kaum jemand schreibt einen längeren Aufsatz oder gar ein Buch vom Anfang zum Ende. Solches "Stückeln" gilt allerdings nur unter der Voraussetzung, dass man den Überblick über den Ablauf und/oder ein Konzept hat. Man kann mit Teilen beginnen, die besonders einfach darzustellen sind oder mit solchen, die am meisten Spaß machen. Man kann auch mit denen beginnen, die notwendige Bausteine darstellen (die im Folgenden vorgestellt werden), etwa mit der Quellenlage. Wo auch immer man beginnt, nach der Zusammenstellung zum gesamten Text wird man alles mehrfach überarbeiten: stilistisch, die Rechtschreibung, die Quellenbelege, die Formatierung. Dafür braucht man Zeit, auch die Zeit, etwas für ein paar Tage liegen zu lassen, um es dann wieder zu überarbeiten.

4. Bausteine

Unabhängig vom Thema gibt es bestimmte Elemente, die in wissenschaftlichen Texten enthalten sein können oder müssen, abhängig vom Umfang (und von Vorgaben etwa durch Institute oder Verlage):

- Titelblatt
- Inhaltsverzeichnis
- Vorwort
- Einleitung
- Hauptteil
- Zusammenfassung
- Literaturverzeichnis
- Anhänge, Anlagen

Ein ***Titelblatt*** wird man nur anlegen, wenn der Text mindestens einige Seiten lang ist. Bei einem einseitigen Text (etwa einer Aufgabe im Anfängerkurs) wird man das kaum tun. Ein deutlicher Titel am Anfang reicht. Das gilt auch für ein Inhaltsverzeichnis.

Das ***Inhaltsverzeichnis*** sollte die Gliederung in übersichtlicher Form enthalten und die jeweiligen Seitenzahlen zu den Kapiteln angeben. An das Inhaltsverzeichnis anschließend können Verzeichnisse der Abbildungen, Karten, Tabellen oder Graphiken aufgeführt werden, die ebenfalls jeweils eine durchlaufende Nummerierung erhalten. Die Gliederung sollte den Text übersichtlich strukturieren, aber nicht zergliedern. Gliederungspunkte, die nur einige Sätze enthalten, können also anderen Punkten untergeordnet werden.

Kapitel werden durchnummeriert, Unterabschnitte müssen nicht, können aber nummeriert werden. Dabei kann man mit einem Dezimalklassifikationssystem (1.1.2; 1.1.3 etc.) sehr komplexe Gliederungen auf mehreren Ebenen wiedergeben. Es gibt auch gemischte Gliederungssysteme, die zusätzlich mit römischen Zahlen und/oder Buchstaben arbeiten. Sie sind weniger üblich (und übersichtlich), aber nicht falsch. Mehr als drei Gliederungsebenen sollte man vermeiden, damit der Gesamtaufbau nicht zu unübersichtlich wird. Der Hauptteil einer längeren wissenschaftlichen Arbeit enthält meist mehrere Kapitel und Unterkapitel oder Abschnitte. Das Wort "Kapitel" kommt von *capitulum* (lat. "Köpfchen"), was ursprünglich die schriftliche Inhaltsangabe als Überschrift eines Abschnittes oder Buches bedeutete. Seit dem vierten Jahrhundert sind Kapitel in ihrer heutigen Form üblich.[105] Kapitelüberschriften können aus nur einer Nummer bestehen, im allgemeinen sind es jedoch Überschriften, die sachlich den Inhalt wiedergeben oder das Thema andeuten. Kapitel sind Einheiten, die einen Gedanken, ein Problem (Teilproblem), einen Aspekt oder eine Frage in sich geschlossen behandeln und dennoch in die Gesamtargumentation des Textes eingebunden sind.

Ein ***Vorwort*** ist noch nicht Bestandteil des Inhalts der wissenschaftlichen Arbeit. Darin werden zusätzliche Angaben gemacht, die sich nicht direkt auf den Inhalt, sondern eher auf die Umstände der Entstehung der Arbeit beziehen. Hier wird etwa vermerkt, wenn die Untersuchung durch Stipendien unterstützt wurde oder man von anderer Seite besondere Hilfe bekommen hat (Bibliotheken, andere Wissenschaftler etc.). Sollten in dem Manuskript unübliche Abkürzungen verwendet werden oder kommen andere Besonderheiten vor, beispielsweise eine bestimmte Umschrift für fremdsprachige Ausdrücke, kann auch das im Vorwort erwähnt werden. Für verwendete weniger übliche Abkürzungen ist eine eigene Legende einzufügen.

Schwierigkeiten macht meist die ***Einleitung*** Das Thema muss formuliert und in den jeweiligen Zusammenhang eingebettet werden, der

[105] Wilpert 1989 unter "Kapitel".

Ablauf der Darstellung muss begründet sein, Quellen müssen genannt und beurteilt werden, etc. Um die wichtigsten Elemente der Einleitung zu verdeutlichen, werden sie hier an einem (erfundenen) Beispiel aus dem Unterricht dargestellt:

Bausteine einer Einleitung

Formulierung des Themas, Zielsetzung	Im folgenden Beitrag werde ich die Auffassungen von Wissenschaft in den Arbeiten von Leo Frobenius und Wilhelm Schmidt einander gegenüberstellen, um die Abhängigkeit des jeweiligen Kulturkonzeptes beider Autoren von allgemeineren Grundannahmen nachzuweisen.
Einbettung in den Zusammenhang eines Problems bzw. einer Thematik	Dies geschieht im weiteren Rahmen der Diskussion um unterschiedliche Kulturbegriffe im Zusammenhang dieses Seminars. Zentrale These war die Bedingtheit der Kulturkonzepte von allgemeineren Wissenschaftsauffassungen.
Darstellung des Ablaufs mit Begründung	Ich werde hierzu die Auffassungen Frobenius' und Schmidts nacheinander darstellen, um abschließend die unterscheidenden Merkmale herauszuarbeiten und auf die Unterschiede der Kulturkonzepte zu beziehen. Zum Verständnis ist zunächst die getrennte Untersuchung beider Autoren im jeweiligen Zusammenhang notwendig, da sonst vor allem die unterschiedliche Terminologie beider Autoren Probleme bereiten würde.
Begrenzung der Darstellung mit Begründung	Bei beiden Autoren beschränke ich mich auf ihre wissenschaftlichen Arbeiten und behandle populäre Aufsätze wegen ihrer häufig unpräzisen Formulierungen nicht.
Quellenlage. Primärquellen	Von beiden Autoren stehen umfangreiche Publikationen zur Verfügung. Die Bibliographie enthält nur tatsächlich eingesehene und ausgewertete Veröffentlichungen.
Zugänglichkeit	Aus zeitlichen Gründen nicht einsehbar waren mir leider einige unveröffentlichte Manuskripte im Anthropos-Institut St. Augustin (Hinweise bei Lehmann 1976: 18) aus dem Nachlass von Schmidt.
Sekundärliteratur	Sekundärliteratur zum engeren Thema liegt vor allem von Maier (1981), Lehmann (1976) und Schneider (1967) vor. Zu diesen Beiträgen werde ich Stellung nehmen.
[Quellenkritik]	[Hat man es mit wenigen oder sehr einheitlichen Quellen zu tun, kann man ihre Beurteilung bereits in die Einleitung stellen. Sonst muss man sich mit ihnen im einzelnen bei der Vorlage der Daten auseinandersetzen.]
Eigene Vorkenntnisse	Mit Leo Frobenius hatte ich mich bereits seit ca. zwei Jahren im Zusammenhang mit seinen "Paideuma"-Vorstellungen beschäftigt. Die Arbeiten von Schmidt waren mir neu.

Der ***Hauptteil*** der Arbeit enthält die Darstellung des Gegenstandes, die Antwort auf die zu Beginn formulierte Fragestellung und eine Bewertung des vorliegenden Materials. Die eigentliche Abhandlung sollte nicht ausufern, sondern sich immer wieder auf die in der Einleitung dargelegten zentralen Fragen und die wesentlichen Probleme konzentrieren. Ein roter Faden muss erkennbar sein: Das heißt, die einzelnen Abschnitte und Kapitel müssen sich aufeinander beziehen und dürfen nicht nur aneinander gereiht werden. Die Argumentation sollte durch entsprechende Überleitungen herausgearbeitet werden, die den Gedankengang und das Ineinandergreifen der verschiedenen Aspekte verdeutlichen.

Abbildungen, ***Tabellen***, ***Graphiken*** und ***Karten*** können in den Text integriert werden. Man nummeriert sie und versieht sie mit einer Unter- bzw. Überschrift. Ein vollständiges Verzeichnis mit Nummer und Seitenangabe wird dem Inhaltsverzeichnis angefügt. Es gibt allerdings in den Text völlig einbezogene Abbildungen und Textbeispiele, die wie Tabellen gestaltet sind (wie im vorliegenden Buch), die man dann nicht unbedingt gesondert nummeriert.

In der ***Zusammenfassung*** kommen keine wesentlichen neuen Gedanken mehr hinzu. Der im Hauptteil dargestellte Gegenstand wird kurz zusammengefasst, und die in der Einleitung ausformulierte Fragestellung wird abschließend beantwortet oder zu der entsprechenden These abschließend Stellung genommen. In manchen Fällen ist es sinnvoll, einen Ausblick auf Themenbereiche und Fragestellungen zu geben, die durch die eigene Untersuchung nur angerissen, aber nicht erschöpfend bearbeitet werden konnten. Zum Schluss kann auch auf Fragen hingewiesen werden, die durch die Beschäftigung mit einem Thema aufgeworfen wurden, oder die durch die notwendige Eingrenzung der Fragestellung oder die Quellenlage nicht berücksichtigt werden konnten.

Unverzichtbar ist am Ende einer wissenschaftlichen Arbeit die vollständige ***Bibliographie*** (ein Verzeichnis der benutzten Literatur). Hier gibt es unterschiedliche Auffassungen darüber, was aufzunehmen ist: Nur im Text *zitierte* Literatur? – auch die *gelesene*, aber nicht zitierte? – zum Thema *relevante* Hintergrundliteratur? – *weiterführende* Literaturhinweise? Bibliographien sind manchmal eindeutig mit "Zitierte Literatur" überschrieben. Meist bleibt dagegen vage, nach welchem Prinzip Literaturangaben aufgenommen wurden. Wünschenswert wäre deshalb eine Bemerkung am Anfang der Bibliographie, nach welchen Prinzipien sie zusammengestellt wurde. Eine andere Möglichkeit sind Hinweise dazu in der Einleitung, die sich ja sowieso mit der Quellenlage auseinandersetzen muss. In keinem Fall allerdings darf man kommentarlos Veröffentlichungen aufnehmen, die man nicht gesehen hat. Zum einen täuscht das eine Informationsgrundlage vor, die man gar nicht hatte, zum anderen ist die Gefahr von Fehlern in solchen übernommenen Literaturangaben sehr hoch. Sinnvoll ist aus übrigens ein vorangestelltes Abkürzungsverzeichnis, vor allem für Zeitschriften und Serien

Wie bibliographische Angaben korrekt gemacht werden, ist im Kapitel ☞ **LITERATURANGABEN** dargestellt, wie Belege gemacht und Bibliographien angeordnet werden, wird ausführlicher im folgenden Kapitel ☞ **ZITIEREN UND BELEGEN** erläutert.

Eventuelle ***Anhänge*** enthalten im Text nicht wiedergegebene Tabellen, Abbildungen, Verzeichnisse, Zeichnungen, Karten, Originaltexte etc. Sie werden am Ende des Textes durchnummeriert und als Anhang angefügt. Meist beinhaltet der Anhang Daten und Informationen, die zu umfangreich sind und deshalb im Text störend wären.

Die Fußnote ist die am häufigsten verwendete Form der ***Anmerkung***. Eine hochgestellte Zahl in kleinerer Schrifttype im Text verweist auf die entsprechende Fußnote, einen kurzen Text, der am unteren Rand der Seite vom Haupttext getrennt steht. Es gibt auch Anmerkungsapparate, die sich am Ende des Kapitels oder Buches befinden ("Endnoten"). Das ist für den Leser jedoch nicht sehr praktisch, da man um nachzuschlagen jedes Mal hin und her blättern muss.

Was gehört in die Fußnote? Belege, also Quellenangaben für bestimmte Aussagen, können in der Fußnote oder im laufenden Text stehen. Außerdem werden in Fußnoten zusätzliche Bemerkungen eingefügt, die eine wichtige Ergänzung des Textes darstellen, aber den Lesefluss stören würden. Manche Autoren verwenden die Fußnoten, um ganze Exkurse dort unterzubringen.[106] Studierenden ist das jedoch nicht zu raten, da es zunächst wichtiger ist, eine Fragestellung zielgerichtet zu bearbeiten als alle Nebenaspekte einzubeziehen. In den Fußnoten können auch Verweise auf zusätzliche Quellen oder Literaturangaben gemacht werden. Anmerkungen sollten knapp und präzise sein, sie enthalten deshalb auch mehr

---

[106] Ein Beispiel ist der berühmte Text "Die Gabe" von Marcel Mauss (1990 [Zuerst 1950]). Auf manchen Seiten (z.B. S. 34 dieser Ausgabe) enthalten die Fußnoten mehr Text als die Hauptabhandlung.

Abkürzungen als der Haupttext, etwa "vgl." (vergleiche) oder "s.a." (siehe auch) oder "ebd." (ebenda). Meist werden sie engzeilig und in einer kleineren Schrifttype als der durchlaufende Text formatiert.

Unter den Bausteinen eines Textes hier nicht erwähnt ist der ***Index***. Dies aus dem einfachen Grund, weil Indices erst für ganze Bücher notwendig werden und damit nicht Sache des Grundstudiums, nicht einmal der Magisterarbeit sind.

5. Formalia

Auch für Hausarbeiten, schriftliche Referate und Prüfungsarbeiten sollten wissenschaftliche Manuskripte das Vorbild sein. Formalia sind nicht Selbstzweck. Es sind praktische Gründe, die die Prinzipien wissenschaftlicher Veröffentlichungen bestimmen. Erreicht werden sollen in erster Linie Arbeitsökonomie und schnelle Informationsvermittlung. Viele Regeln sind Tradition oder willkürliche Setzung. Dennoch (oder gerade deshalb) werden damit die genannten Ziele erreicht. Schwierigkeiten machen gelegentlich die unterschiedlichen Traditionen in verschiedenen Fächern. Hier muss man sich an die Vorschriften des jeweiligen Instituts halten. Das gilt auch für Formalia, die von Zeitschriften oder Verlagen häufig vorgeschrieben werden.

Die folgenden Formalia wurden aus (leidvollen) Erfahrungen im Unterricht für Referate und Hausarbeiten entwickelt und vervielfältigt. In dieser Form sollten schriftliche Arbeiten abgegeben werden. Die Hinweise beziehen sich erkennbar teilweise noch auf maschinenschriftliche Texte. Wer mit dem Computer schreibt, hat manches einfacher:

1	Papierformat DIN A 4	Es geht dabei um Einheitlichkeit und praktische Ablage in Ordnern
2	Weißes Papier	Kein farbiges Papier - Lesbarkeit und Kopierbarkeit sind so am besten
3	Schreibmaschine oder Drucker	Nicht handschriftlich; das Druckbild muss lesbar sein (manche Nadeldrucker sind hier unzureichend!)
4	Schwarze Schrift	Farbige Schrift ist schlechter lesbar und kopierbar
5	1 1/2 zeilig schreiben	Korrekturmöglichkeit, Lesbarkeit – engzeilig nur Erläuterungen, Zitate, Protokolle.

6	Schrift nicht zu klein wählen	Lesbarkeit! 14 Punkt bei Times
7	Nicht verkleinern	Wie vorige Bemerkung
8	Papier einseitig beschreiben	Lesbarkeit, Korrigierbarkeit (Schrift drückt durch), bei Schreibmaschinentext auch Möglichkeit des Umklebens.
9	Ränder lassen, Satzspiegel. oben, unten, links ca. 3 cm; rechts bei Prüfungsarbeiten mindestens ebenso	Möglichkeit abzuheften, Korrekturen anzubringen
10	Mehrere Seiten verbinden; keine losen Blätter	Heften, Klammern, Binden. Weder Steck- noch Sicherheitsnadeln oder Leukoplast!
11	Seitenzahlen anbringen	möglichst oben auf der Seite; das erleichtert die Suche
12	Geltende deutsche Rechtschreibung	Keine ideologische Kleinschreibung (Informationstempo geringer)
13	Fehlerkorrekturen	Fehler sind Hinweise auf fehlende Endkontrolle des Textes - Sie haben Einfluss auf die Prüfungsnote!
14	Titelblatt oder Kopfzeile	Titelblatt erst ab mehrseitigem Referat. – Angaben: Name, Veranstaltung, Dozent, evtl. Fach, Semester, evtl. Tel.-No. für Rückfragen
15	Kopie abgeben	Ein Exemplar behalten; nach Originalen sind bessere Kopien herzustellen

6. Layout und Formatierung

Studierende liefern gelegentlich schriftliche Arbeiten ab, die von der ersten bis zur letzten Seite aus unendlichen Zeilen in schöner Gleichmäßigkeit bestehen: Kein Absatz, keine Hervorhebung, keine erkennbare Gliederung, keine Zwischenüberschriften. Dabei mag der Inhalt durchaus in Ordnung sein, vielleicht sogar sehr gut. Aber zur Lesbarkeit eines Textes, zu seiner Verständlichkeit und nicht zuletzt auch zum Erhalt des Interesses gehört nicht nur die sprachliche Ausformulierung, sondern auch die Gliederung des Textes und optische Hilfsmittel. Mit ihnen werden Abwechslung und Betonung, Wiederfinden von Teilen, Klarheit und Verständnis erreicht. Gemeint sind die in diesem Kapitel schon genannten Einzelheiten wie Überschriften und Zwischenüberschriften, Gliederung in Absätze, Zitate und Beispiele, unterschiedliche Schriftgrößen und Hervorhebungen von Wörtern. Diese optische Bearbeitung des Textes sollte dann als Schritt vor der letzten Korrektur des Textes und dem Trennen geschehen.

Auch die ***Silbentrennung*** ist nicht ohne Einfluss auf das Gesamtbild eines fertigen Textes. Dem geht die Entscheidung über "Blocksatz" oder "Flattersatz" voraus. Dabei beziehen wir uns auf das Schreiben mit Computer, denn mit der alten Schreibmaschine hat man da keine Wahl. Der "Flattersatz", also der ungleichmäßige rechte Rand des Textes, taucht hin und wieder als modische (eigentlich altmodische) Neuheit auf und manche finden ihn schöner. Man braucht nicht unbedingt Silbentrennungen einzufügen. Das muss man beim "Blocksatz" mit dem geraden rechten Rand, weil sonst sehr unschöne "Löcher" im Textbild entstehen. Mit einem Trennprogramm lässt sich das Trennen problemlos durchführen, auch wenn es gelegentlich zu Fehlern führt. Unbekannte Wörter etwa werden nicht richtig getrennt. Im übrigen sollte man unbedingt mit Programm trennen und nicht von Hand, weil man bei Veränderungen des Textes auch alle Trennungen wieder von Hand ändern muss.

Wir bringen keinen Beispieltext für Layout und Formatierung, weil wir der Ansicht sind, dass das gesamte Buch als Beispiel dafür genommen werden kann. Das äußere Bild, der Eindruck eines Manuskripts wirkt sich ohne Zweifel auch auf Beurteilungen etwa von Prüfungsarbeiten aus. Und das ist keineswegs unberechtigte Willkür, denn es hat auch etwas mit Lesbarkeit und Vermittlung zu tun.

7. Korrekturlesen

Für die wenigen, die noch mit der Schreibmaschine schreiben, und die anderen, die einen Computer benutzen, sieht die Abfolge der letzten Schritte bei der Herstellung eines Manuskripts unterschiedlich aus.

Beim Schreiben mit der ***Schreibmaschine*** wird man (1) den letzten Entwurf korrigieren, sich dann (2) für das Layout entscheiden (Ränder, Schrifttype, Hervorhebungen, Anordnungen etc.), dann (3) die Reinschrift anfertigen und schließlich (4) nochmals korrigieren.

Beim Herstellen von Manuskripten mit dem ***Computer*** wird man den mehrfach überarbeiteten und schließlich fertigen Text (1) formatieren, danach (2) mit einem Korrekturprogramm korrigieren, (3) ausdrucken und anhand des Ausdrucks nochmals korrigieren und die Korrekturen eingeben, schließlich (4) Trennungen einfügen und danach erst endgültig (5) ausdrucken. Man sollte in jedem Fall zum Korrigieren ausdrucken, weil sich am Bildschirm erheblich schlechter korrigieren lässt als an einem Ausdruck.

Rechtschreibung spielt als formales Merkmal sogar nach Gerichtsentscheidungen für die Notengebung bei Prüfungsarbeiten eine Rolle. Grob gesagt: Falsche Rechtschreibung und schlampige Korrektur können zu einer schlechteren Note führen. Oben war deutlich gemacht worden, dass im Gegensatz zu früheren Zeiten Layout und Formatierung heute ebenso wie Korrektur Sache des Autors einer wissenschaftlichen Arbeit geworden sind, und damit zu den üblichen Tätigkeiten eines Wissenschaftlers gehören.

Kapitel 10: Zitieren und Belegen

1. Überprüfbarkeit

Wissenschaftliche Aussagen unterscheiden sich von anderen in einem ganz wesentlichen Merkmal: Sie müssen intersubjektiv (also durch andere) überprüfbar sein. Dass dies im allgemeinen wiederum nur für Wissenschaftler gilt (die mit den Möglichkeiten des Überprüfens vertraut sind), ist keine Einschränkung dieser Forderung. Überprüfbarkeit wird dadurch erreicht, dass Aussagen (Behauptungen, Feststellungen, Urteile) "belegt" werden, dass also "Belege", "Nachweise" gegeben werden, dass "Quellenangaben" oder "bibliographische Angaben" gemacht werden, mit deren Hilfe man die Quellen für eine Aussage auffinden kann. Das ist in den häufigsten Fällen eine Fundstelle in einem Buch oder Aufsatz, es kann aber auch eine Aussage, Beobachtung, Erfahrung sein, die andere oder der Verfasser selbst gemacht haben. Wie man dann verfährt, wird noch zu behandeln sein.

Würde man die Forderung allerdings so formulieren: "*Jede* Aussage in einem wissenschaftlichen Text muss überprüfbar sein", käme es zu ganz absurden Texten: Man müsste überprüfbar machen, dass Australien der fünfte Kontinent ist, dass bei Regen der Boden nass wird, dass ein Apfel vom Baum nach unten und nicht nach oben fällt und dass Menschen im allgemeinen zwei Ohren haben. Es wäre ganz unmöglich, noch einen lesbaren Text herzustellen. Die Aussage muss also eingeschränkt werden. Hier die wichtigsten Kriterien:

- Aussagen oder Darstellungen müssen belegt werden, die direkt aus anderen Quellen übernommen wurden: wörtliche Textpassagen, Abbildungen, Pläne, Schemata oder Formeln.

- Aussagen oder Darstellungen müssen belegt werden, die indirekt, also etwa in indirekter Rede oder nur inhaltlich aus anderen Quellen im eigenen Text wiedergegeben werden.

- Aussagen oder Darstellungen müssen aber nur dann belegt werden, wenn sie im Zusammenhang der eigenen Darstellung relevant sind. In einer Arbeit über matrilinear organisierte Gesellschaften etwa wird man bei der Behandlung der Situation in Truk nicht belegen müssen, dass Truk ein Atoll ist oder dass es einmal deutsche Kolonie war. Sehr wohl aber alle Aussagen, die mit dem Thema zu tun haben, auch etwa Tatsachen über Landrechte oder Anredeformen, wenn sie mit dem Thema zusammenhängen oder für ein Argument wichtig sind.

- Tatsachen, die allgemein bekannt sind und von jedermann (etwa in Konversationslexika) nachgeschlagen werden können, wird man nicht belegen: daß die Trobriand-Inseln zu Papua-Neuguinea gehören, wo Papua-Neuguinea liegt, dass Port Moresby die Hauptstadt dieses seit 1975 unabhängigen Staates ist. Hier wird es darüber hinaus je nach Veröffentlichung Ebenen des "allgemein Bekannten" geben: Auch innerhalb des Faches allgemein Bekanntes wird man nicht belegen, etwa, dass Bronislaw Malinowski während des Ersten Weltkriegs auf den Trobriand-Inseln geforscht hat.

Am häufigsten bezieht man sich in Belegen auf veröffentlichte oder unveröffentlichte Schrift- oder Bildquellen anderer Verfasser oder eigene Publikationen. Es gibt aber auch andere Quellen für wissenschaftliche Aussagen, etwa Angaben, die man in einem Vortrag gehört hat, persönliche oder briefliche Mitteilungen, Beobachtungen, die man selbst gemacht hat, und schließlich den ganzen Bereich der Ergebnisse von Feldforschungen. Man wird versuchen, auch solche Informationen wenigstens genauer zeitlich und/oder örtlich festzulegen, selbst wenn sie das gar nicht im eigentlichen Sinne überprüfbar macht, etwa in der Form "persönliche Mitteilung Jürgen Jensen, 17.6.1985". Eigene Feldforschungsergebnisse dagegen sind selten in dieser Form zu belegen. Das hat mit der ethnologischen Hauptmethode der "Teilnehmenden Beobachtung" zu tun. In welcher von hunderten von Unterhaltungen im alltäglichen Tagesablauf, bei welchen Ereignissen im Verlauf von Monaten der Ethnograph die jeweiligen Informationen erhielt, ist unmöglich im Einzelnen zu belegen.

Ein paar Hinweise noch auf den ***Wert von Quellen***. Was nutzt der schönste Beleg, was nutzt die beste Möglichkeit für Kritiker, eine Quelle zu überprüfen, wenn diese Quelle selber Schwindel oder freie Phantasie ist, voreingenommen oder völlig einseitig, unbestätigt oder längst widerlegt? Habe ich den Text eines Autors überhaupt verstanden, wenn ich nichts über ihn selbst, seine Abhängigkeiten und Grundannahmen, nichts über die Entstehung des Buches und die Bedingungen der ihm zugrunde liegenden Forschungen weiß? Das alles sind Fragen der ***Quellenkritik***, einer Bedingung von Wissenschaft, die nicht Gegenstand dieses Bandes ist. Aber wie die Beschäftigung mit Wissenschaftstheorie (und Wissenschaftsgeschichte) zu den grundlegenden Aspekten jedes Studiums gehören muss, so auch die Beschäftigung mit Quellenkritik. Dazu finden sich einige Angaben im Literaturverzeichnis.[107]

2. Zitieren

"Zitieren" kommt vom lateinischen *citare*, "herbeirufen, aufrufen, vorladen", "als Gewährsmann oder Zeugen anführen, nennen", dann auch "nennen oder namentlich anführen".[108] Im Fremdwörterbuch wird die Bedeutung angegeben mit "eine Stelle aus einem geschriebenen oder gesprochenen Text [wörtlich] anführen".[109] Im "Sachwörterbuch der Literatur" schließlich heißt es unter dem Stichwort *Zitat*:[110]

> "zu Erläuterung, Beweis oder Bestätigung der eigenen Auffassung wörtlich oder sinngemäß angeführte Stelle (Satz, Vers) aus e. Schriftwerk oder wörtlich wiederholte mündl. Äußerung ... "

Unter einem Zitat versteht man also zunächst die *wörtliche* Wiedergabe eines Textes oder einer mündlichen Aussage, im allgemeineren Sinne auch die *sinngemäße* Wiedergabe. Hier scheiden sich die Geister etwas, denn in der Wissenschaft wird meist nur die *wörtliche* Wiedergabe als Zitat verstanden – "wörtlich" auch in dem Sinne, dass nur sprachliche Äußerungen darunter gefasst werden. Wiedergegebene Abbildungen zum Beispiel würde man nicht als Zitate verstehen. In der bildenden Kunst dagegen kann die Quelle auch eine Abbildung sein. Der Künstler "zitiert" beispielsweise eine Geste oder eine Szene aus einem anderen Bild. Ähnliches gilt für die Musik. Anders als in der Kunst, in der häufig das Vergnügen darin gesehen wird, Anspielungen und Zitate zurückzuverfolgen

---

107 Jones 1998, Szalay 1983; Thiel 1981; Haekel 1970.

108 PONS 1990.

109 Duden 1990.

110 Wilpert 1989.

und zu verstehen, muss in der Wissenschaft für *jedes* Zitat die Herkunft angegeben werden. Eine solche Angabe der Fundstelle eines Zitates nennt man "Beleg".

Zitate können sehr unterschiedliche Funktionen in einem Text haben. Sie können:

- eigene Aussagen erläutern oder ergänzen,
- etwas beweisen,
- eigene Aussagen bestätigen,
- durch besonders treffende Formulierungen einen Sachverhalt so gut darstellen, wie es keine Umschreibung kann.

Eines dieser Kriterien sollte erfüllt sein, wenn man ein ***wörtliches Zitat*** in den eigenen Text übernimmt. Studierende machen oft den Fehler, zu ausführlich und zu viel wörtlich zu zitieren, weil sie meinen, der Autor stelle den Sachverhalt treffender dar als sie selbst es könnten. Man sollte aber zunächst versuchen, den Inhalt in eigenen Worten wiederzugeben – nur so versteht man ihn auch wirklich. Der Text gerät sonst außerdem leicht zu einem Flickenteppich aus aneinander gehängten Zitaten.

Wörtliche Zitate werden in Anführungsstriche gesetzt oder/und deutlich abgesetzt. Dabei gibt es sozusagen "Grade" der Ausführlichkeit und damit des Umfangs eines Zitats. Am auffallendsten sind längere Zitate von mehreren Zeilen Umfang. Sie werden nicht nur mit Anführungsstrichen versehen, sondern gewöhnlich gegenüber dem eigentlichen Text deutlich abgesetzt: durch Einrücken, Engzeiligkeit, kleinere oder andere Schrifttype in unterschiedlichen Kombinationen. Hinzu kommt der Beleg. Wenn das Absetzen sehr ausgeprägt geschieht, können gelegentlich sogar die Anführungsstriche entfallen. Ein solches ***längeres Zitat*** kann etwa so aussehen:

> "Zitate müssen genau sein. Dies gilt sowohl für die Form als auch den Inhalt eines Zitats. In der *Form* bedeutet Genauigkeit: Immer wörtlich zitieren, d.h. einen Text in seiner Orthographie und Interpunktion genau wiedergeben. (...) Hinsichtlich des *Inhalts* bedeutet Genauigkeit: Jedes Zitat, daß (sic) in einen neuen Kontext aufgenommen wird, muß seinen ursprünglichen Sinn behalten." (Rückriem, Stary, Franck 1990: 170; Hervorh. i. Orig.)

Die andere Möglichkeit zeigt dasselbe Zitat engzeilig und mit der Schrift Helvetica 12 Punkt statt Times 14 Punkt. Hier könnte man am Anfang des gesamten Textes festhalten, dass Zitate durchgehend ohne Anführungsstriche wiedergegeben werden. Man macht so etwas gelegentlich, wenn man etwa Aussagen von Informanten (die ja auch Zitate sind) von Zitaten aus Büchern unterscheiden will:

> Zitate müssen genau sein. Dies gilt sowohl für die Form als auch den Inhalt eines Zitats. In der *Form* bedeutet Genauigkeit: Immer wörtlich zitieren, d.h. einen Text in seiner Orthographie und Interpunktion genau wiedergeben. (...) Hinsichtlich des *Inhalts* bedeutet Genauigkeit: Jedes Zitat, daß (sic) in einen neuen Kontext aufgenommen wird, muß seinen ursprünglichen Sinn behalten. (Rückriem, Stary, Franck 1990: 170; Hervorh. i. Orig.)

Auf Besonderheiten dieses Zitats, "(...)", "(sic)" und "Hervorh. i.Orig." wird noch einzugehen sein. Sie waren unter "Exzerpte" schon behandelt worden. Vorher aber noch die Feststellung, dass ***kürzere Zitate*** von wenigen Wörtern gewöhnlich nicht in dieser Weise abgesetzt, sondern in den eigenen Text einbezogen werden. Die Behandlung wie bei einem längeren Zitat würde viel zu viel Platz kosten. Dass man "einen Text in seiner Orthographie genau wiedergeben" müsse (Rückriem, Stary, Franck 1990: 170), kostet in dieser Form viel weniger Platz und erleichtert auch den Lesefluss. Der Beleg muss allerdings wieder deutlich darauf bezogen folgen.

Die kürzeste Form eines wörtlichen Zitates bestünde nur ***aus einem Wort oder*** einem ***Ausdruck*** von zwei oder drei Wörtern. Auch dieser wird in Anführungsstriche gesetzt, wenn man damit ausdrücklich das Wort als zitiert verstehen soll, als Bezug auf einen anderen Text. In diesen Fällen wird oft kein Beleg angegeben, weil aus dem Kontext deutlich wird, auf wen man sich bezieht, und außerdem ein solches Wort gewöhnlich mehrfach oder sogar durchlaufend gebraucht wird. So würde man in einer referierenden Darstellung der Aussagen Wilhelm Mühlmanns über Lafitau dessen mehrfache Bemerkungen über das Prinzip der "wechselseitigen Erhellung" in dieser Weise in Anführungsstriche setzen.[111]

Ähnliches kann für den Ausdruck "Stimulus-Diffusion" in einer Diskussion über Heilserwartungsbewegungen gelten. An diesem Beispiel wird eine gewisse Distanzierung deutlich: "Stimulus-Diffusion" stammt aus einem theoretischen Zusammenhang (dem Diffusionismus), der vielleicht

[111] Mühlmann 1968: 44, 66.

nicht der des Verfassers ist.[112] Solche Distanzierung wird ganz deutlich, wenn man "Rasse" oder "Pauperisierung" in Anführungsstriche setzt. Man will damit etwa ausdrücken: "Das ist nicht meine Formulierung, ich gebe nur die Ausdrucksweise anderer wieder". Im Fall "Rasse", weil man das ganze dahinter stehende Konzept für falsch oder unwissenschaftlich, im zweiten Fall vielleicht, weil man das Fremdwort für überflüssig hält. Solche Distanzierungen können bis zu purem Spott gehen, etwa bei Modewörtern wie "Diskurs" oder "Hybridität".

Inhaltliche oder sprachliche ***Fehler*** im zitierten Text werden wie im Original abgeschrieben, aber wie im obigen Beispiel zu sehen, direkt danach mit (sic) gekennzeichnet. ***Auslassungen*** im zitierten Text sind, wie gezeigt, mit drei Punkten (...) zu kennzeichnen. Hat der Autor im Original Wörter oder Satzteile, wie im Beispiel "*Form*" und "*Inhalt*" hervorgehoben, wird das übernommen und nach dem Beleg hinzugefügt: "Hervorhebung i. Orig.". Wird ein Wort oder Satzteil vom Autor nachträglich im Zitat hervorgehoben, muss das ebenfalls durch den Zitierenden (im folgenden Zitat: B.B. = Bettina Beer) gekennzeichnet werden:

> "*Alle* Veränderungen (Auslassungen, Ergänzungen, Erläuterungen, Hervorhebungen, Verschmelzungen, Zitate im zitierten Satz und Einführungen) sind besonders zu kennzeichnen." (Rückriem, Stary, Franck 1990: 171, 172; Hervorh. B.B.)

Fügt man einem Zitat etwas hinzu, wird der ***Zusatz*** in Klammern geschrieben und mit dem Namen oder den Initialen des Autors (im Folgenden H.F. für Hans Fischer) gekennzeichnet. Nicht gekennzeichnet wird der Zusatz (sic) für Fehler im zitierten Original.

> "Von eigenen Hervorhebungen in übernommenen Zitaten soll nur wenig Gebrauch gemacht werden. Sind sie nicht zu umgehen [sie sind fast immer zu umgehen! H.F.], so müssen sie gekennzeichnet werden." (Spandl 1974: 49)

Einige Einzelheiten zur Behandlung wörtlicher Zitate: Bei einem ***Zitat im Zitat***, also einem Zitat schon im Original, wird dies durch einfache statt der doppelten Anführungsstriche gekennzeichnet, und der eventuell schon dort enthaltene Beleg wird in das eigene Zitat übernommen.

---

[112] Siehe Hirschberg (Hg.) 1988 unter "Stimulus-Diffusion".

Ein Beispiel aus Rüdiger Schotts Beitrag "Rechtsethnologie" in der Einführung in die Ethnologie soll das verdeutlichen. Schott schreibt:

> "Nicht abstrakte Rechtsregeln, sondern konkrete Konfliktfälle und ihre Lösung lassen uns erkennen, was als Recht bei einem Volke gilt: 'The case method leads to realistic jurisprudence ... Law focuses around conflicts of interest' (Hoebel 1954: 36). Im Gegensatz zu einer bis dahin vorherrschenden normativen Betrachtungsweise des Rechts ... " (Schott 1998: 180)

Hier zitieren wir – die Verfasser dieses Bandes – also aus einem Aufsatz von Schott (mit Beleg), der seinerseits aus einem Buch von Hoebel zitiert hat (mit Beleg). Das Zitat im Zitat steht in 'einfachen Anführungsstrichen', gleichgültig, wie es bei Schott hervorgehoben wurde (nämlich mit doppelten).

Zitate dürfen nicht ***aus zweiter Hand*** sein, es sei denn, die Original-Quelle ist bei angemessenem Aufwand tatsächlich nicht zu bekommen. So etwas kann der Fall bei Terminarbeiten sein, etwa bei Referaten oder bei Magisterarbeiten, die innerhalb von sechs Monaten abgegeben werden müssen. In einem solchen Fall muss, angenommen man wollte beispielsweise Spandl nach dem vorliegenden Buch zitieren, der Beleg wie folgt lauten: *Spandl 1974: 49; zitiert nach (oder abgekürzt: zit. n.) Beer und Fischer 2003: 127.*

Indirekte Zitate geben sinngemäß den Inhalt dessen wieder, was ein anderer Autor geschrieben hat, und werden nicht in Anführungszeichen gesetzt, aber mit einem Beleg (also der Quellenangabe) versehen.

3. Belegen

"Belegen" bedeutet, die Quelle für eine Aussage anzugeben, eine Literatur- und Herkunftsangabe zu machen für Texte, Textabschnitte, Sätze oder Wörter. Belege gibt man nicht nur, wenn Aussagen aus dem Text eines anderen Autors indirekt oder direkt wiedergegeben werden, sondern auch, wenn man auf einen bestimmten Autor oder eine Publikation hinweisen möchte. Der Beleg besteht also im weitaus häufigsten Fall in einer Literaturangabe. Sie kann – nach dem direkten oder indirekten Zitat – dem zu belegenden Textabschnitt als Hinweis auf das betreffende Werk im Literaturverzeichnis in Klammern in den Text eingefügt werden. Die andere Möglichkeit ist der Verweis durch ein Fußnotenzeichen auf die

Fußnote unten auf der Seite oder auf eine Endnote am Ende des ganzen Textes.

Der Beleg ***in Klammern*** im Text besteht nicht aus der vollständigen Literaturangabe, sondern nur aus dem Verweis auf diese Angabe im Literaturverzeichnis, also etwa: (Peterßen 1994: 135). Dieser Beleg im Text ist Platz sparender, wenn man nur eine Literaturangabe hat, bei mehreren (und es können viele sein) reißt er den Text auseinander und erschwert eventuell das Lesen. Angegeben werden jeweils, wie im Beispiel gezeigt, Nachname des Verfassers/der Verfasser oder Herausgeber (mit *ed.*, *eds.* oder *Hg.*), das Erscheinungsjahr und die Seitenzahl.

Der Name des Autors oder Herausgebers eines Buches muss im Beleg genau so wiedergegeben werden wie er in der Literaturliste steht. Wenn also Therese von Bayern in der Literaturliste wie üblich unter "Bayern, Therese von" eingeordnet ist, muss auch im Beleg *(Bayern 1897)* und nicht *(Therese von Bayern 1897)* stehen. Der Vorname wird angegeben, wenn es mehrere Autoren gleichen Namens im Literaturverzeichnis gibt, etwa: *(E. Peterßen 1994: 135)*, der ausgeschriebene Vorname, wenn es mehrere mit gleichem Anfangsbuchstaben gibt, etwa: *(Eberhard Peterßen 1994: 135)*. Sollte es mehrere Werke desselben Autors in der Bibliographie geben, wird die Jahreszahl mit Buchstaben a, b, c ... versehen, etwa: *(Peterßen 1994a: 135)*. Wird dieselbe Quelle mehrfach zitiert, kann man (wenn dieser Beleg direkt und in nicht zu großem Abstand folgt) schreiben: *(ebd.)*. Hat sich nur die Seitenzahl geändert, dann etwa: *(ebd.: 136)*. Diese Prinzipien sind schon im Kapitel ☞ **LITERATURANGABEN** dargestellt worden.

Die vorgestellte ist sicherlich die kürzeste und damit Platz sparendste Methode für Quellenangaben. Es gibt einige leicht unterschiedliche Möglichkeiten dafür, etwa: *(Peterßen: 1994, S. 135)*. Sie sind ebenso richtig. Entscheidend ist, dass man sich in einem Text durchgehend an nur eine Methode hält.

Der Beleg in der ***Fußnote*** hat den Vorteil, dass er den Text entlastet. Die Seite wird allerdings nicht so gut ausgenutzt, der Gesamtumfang wird gewöhnlich größer. Beim Schreiben mit der Schreibmaschine ist diese Methode ziemlich schwierig, weil man an den Fußnoten nachträglich nichts ändern kann. Beim Schreiben mit Computer kann man jederzeit irgendwo eine Fußnote einfügen und die Fußnotenzählung ändert sich automatisch. Probleme machen die hochgestellten Fußnotenzahlen im Text gelegentlich bei engzeiligem Schreiben, vor allem bei Zitaten. Hier kann man die Fußnotenzahl auch *vorher* in den Text einfügen, wenn man etwa schreibt: *Peterßen stellt dazu fest:*[1] Dann folgt das (engzeilige, eingerückte) Zitat. Fußnotenzahlen können direkt auf ein zu erläuterndes Wort, einen Satzteil, Satz oder ganzen Absatz folgen. Meist fügt man sie nach Satzzeichen (Komma, Punkt, Doppelpunkt) ein. Es gibt dafür keine festen Regeln. Entscheidend ist nur, dass klar erkennbar wird, worauf sich die Fußnote bezieht. Auch die Quellenangabe in der Fußnote wird in der kurzen Form wie oben vorgestellt gemacht, allerdings ohne Klammer, also: *Peterßen 1994: 135.*

Hier gibt es nun einige weniger günstige Alternativen. So werden besonders in populärwissenschaftlichen Büchern diese Angaben gelegentlich am Ende jeweils eines Kapitels als "***Endnoten***" zusammengefasst. Das erspart zwar die offenbar lästigen Fußnoten auf den Seiten (und spart Platz), zwingt aber zur Suche am Ende verschiedener Kapitel. – Eine andere, sehr viel Platz verbrauchende Belegmethode hat eher mit unterschiedlichen Traditionen in verschiedenen Fächern oder an unterschiedlichen Instituten zu tun. Hier wird in einer Fußnote die vollständige Literaturangabe gemacht, die dann außerdem im Literaturverzeichnis steht. Auch wenn dies nur bei der ersten Erwähnung der Quelle geschieht, ist es eine nicht gerade ökonomische Art und Weise.

Eher altmodisch ist die Methode, nach der ersten Nennung einer Quelle bei weiteren Bezügen darauf dann nur noch *a.a.O.* zu schreiben, "am angegebenen Ort", oder mit Verfassernamen etwa *Peterßen a.a.O.* Dann sucht man häufig über Seiten hinweg weiter vorn, worauf sich dieser Hinweis bezieht. Schlicht überflüssig sind vor Literaturbelegen Formulierungen wie "vgl. ... " oder "siehe ... ". Nur dann, wenn auf den eigentlichen Beleg für eine Angabe oder ein Zitat ein Hinweis auf weitere, auf ergänzende Literatur gegeben werden soll, ist es sinnvoll, etwa zu schreiben: *Müller 1989: 13; s.a. Maier 1978: 124, Bergmann 1977: 65.*

Zeitschriften und Veröffentlichungsreihen haben gewöhnlich Vorschriften für die Gestaltung von Manuskripten. Unten sind die "Guidelines for Contributors" der Zeitschrift für Ethnologie wiedergegeben. Solche Richtlinien sind leider von Zeitschrift zu Zeitschrift oder Verlag zu Verlag unterschiedlich. Flexibilität ist also notwendig, wenn man in verschiedenen wissenschaftlichen Zeitschriften publiziert, und auch Studierende müssen sich auf unterschiedliche Regeln und Formen einstellen.

Zeitschrift für Ethnologie:

Guidelines for Contributors

1. All manuscripts should be submitted to the editors of the journal.
2. The editors welcome original articles up to 10.000 words, reviews up to 1000 words, in German or English. The submitted articles should not be under consideration elsewhere.
3. Articles should be printed in 1 1/2 space on one side of the paper only with a 3 cm margin on all sides. Please submit a total of three copies. Avoid underlinings as far as possible. Foreign words should be be italicized. Articles should be accompanied by English abstracts of not more than 200 words.
4. References within the text should be cited in the following form: (Best 1924:184). Footnotes should be kept to a minimum and they must be numbered conscutively throughout the text. Any figure captions should be on a separate sheet. On a further sheet complete references to all works cited must be listed, arranged in alphabetical and calendrical order, als in the following examples:

Best, Elsdon 1924: *The Maori*, Vol. 1. Wellington: Polynesian Society.

Firth, Raymond 1936: *We, the Tikopia*. London: George Allen and Unwin.

Firth, Raymond 1940: The analysis of mana: An empirical approach. *Journal of the Polynesian Society* 49:483-510.

Howard, Alan; Kirkpatrick, John: 1989. Social organization. In: A. Howard and R. Borofsky (eds.), *Developments in Polynesian Ethnology*. Honolulu: University of Hawaii Press, pp. 47-94.

Tables, maps and illustrations should be on separate page, numbered and with headings. Indicate in the text where they should appear.
5. All articles are submitted to referees. Responsibility for opinions published remains with the authors.
6. When articles have been accepted in their final form they should be presented for publication on a 3.5 inch disk accompanied by hard copy. Please keep formatting and the use of tabs and spaces to a minimum. Authors will receive proofs for corerection which have to be returned within ten days of receipt to the publisher. Authors of articles receive 30, reviewers 13 free offprints.

We can't pay regard to subsequent text corrections, deviating from manuscript, except the author is willing to bear the additional expenditure.

Trotz unterschiedlicher Richtlinien verschiedener Zeitschriften ist es wichtig, dass man sich bei seinen eigenen Arbeiten für *eine* Form des Belegens entscheidet, die in einem Text durchgehalten werden *muss*. Besser ist sogar, wenn man sich grundsätzlich für eine Form entscheidet. So gewöhnt man sich an die richtige Ausführung und kann leichter Textteile und Zitate aus Exzerpten in unterschiedlichen Zusammenhängen wieder verwenden, ohne dass sich durch verschiedene Belegweisen Fehler einschleichen. Für welche Art man sich entscheidet, hängt von den an einem Institut geltenden Konventionen oder Vorschriften für Abschlussarbeiten ab.

4. Internet-Quellen

Seit zunehmend auch Zeitschriften und andere Texte "online" publiziert und aus dem Internet herangezogen werden, stellt sich die Frage, wie man diese korrekt zitiert und belegt. Korrekt heißt in jedem Fall nachprüfbar. Einige Fakultäten sehen Daten aus dem Internet nicht als überprüfbare wissenschaftliche Quellen an. Kritisiert wird, dass die Daten und Texte von anderen Personen als dem angegeben Verfasser zu einem späteren Zeitpunkt verändert worden sein könnten und dass sie nur für eine bestimmte Zeit im Internet erhältlich, später also nicht mehr nachprüfbar sind. In anderen Instituten stellt die Verwendung von Informationen aus dem Internet kein Problem dar. Um die Überprüfbarkeit von Internet-Quellen im Fall von Abschlussarbeiten zu gewährleisten, sollte man diese vollständig ausdrucken und im Anhang der Arbeit wiedergeben. So kann der Zusammenhang auch dann noch beurteilt werden, wenn die Informationen nicht mehr im Internet erhältlich sein sollten.

Vor der Abfassung von schriftlichen Prüfungsarbeiten sollte man sich auf jeden Fall informieren,

- ob Internet-Quellen überhaupt als zitierfähig gelten, und
- ob es institutsinterne Regeln für deren Zitierweise gibt.

Frank Ramsthaler (1997) stellt verschiedene Richtlinien für die Zitierweise dar, betont jedoch auch, dass es bislang noch keine einheitlichen Vorschriften gibt. Man muss berücksichtigen, wozu Leser die Angabe brauchen, nämlich um den Inhalt selbst einzusehen und zu überprüfen oder weitere Hinweise zu suchen. Als Beleg im Text wird also, wie hier für den Artikel von Frank Ramsthaler, zunächst der Name des Autors und die Jahreszahl der Erstellung des Dokuments angeben. In der Bibliographie finden sich dann genau wie bei herkömmlich publizierten Quellen alle weiteren Angaben. Die sollten in jedem Fall folgende Informationen enthalten:

- Name des Autors, der Institution, von der die Informationen im Internet bereitgestellt werden,
- Jahr der Bereitstellung im Internet oder der letzten Veränderung,
- Titel des Dokuments,
- bei Kapiteln oder Zeitschriftenartikeln deren Titel und dann den Titel der Reihe und die Bandzählung oder den Titel des Gesamtwerkes,
- der Hinweis "Electronic Document" oder "Available Online",
- den URL (Universal Resource Locator), die "Internet-Adresse" des Dokuments, in spitze Klammern gesetzt,
- in eckigen Klammern das Datum, wann das Dokument vom Verfasser gefunden wurde. – Beispiel:

Fetterman, David
1998 The American Anthropological Association's Anthropology Resources on the Internet Web Page. Electronic Document. <http://www.stanford.edu/~davidf/ethnography.html> [5.12.2002].

Fehlen Angaben, sind in manchen Fällen E-mail-Adressen vorhanden, bei denen man nachfragen kann, wann ein Dokument von wem erstellt oder verändert worden ist. Sind Angaben zu Autor oder Institution sowie Erstellungsdatum nicht vollständig zu bekommen, sollte man auf die Verwendung der Daten lieber verzichten. Die Zitierweise auch von Internet-Quellen muss einheitlich sein!

Schon im Kapitel "Exzerpieren" haben wir darauf hingewiesen, dass man Quellen nicht einfach wörtlich abschreiben darf, sondern sie lesen und verstehen muss, um sie sinnvoll paraphrasieren zu können. Die Gefahr des unfreiwilligen oder gezielten ***Plagiats*** ist bei der Verwendung von elektronischen Dokumenten noch größer als bei gedruckten Texten: Textstellen werden eventuell nur noch markiert, kopiert und eingefügt. "***Copy and Paste***" ist zum Schlagwort geworden für Arbeiten, die nur aus derart zusammengestückelten Texten bestehen. Ob hier aus Hilflosigkeit oder Raffinesse getäuscht wird, spielt bei der Beurteilung kaum eine Rolle. Meist sind Studierende so ungeübt, dass Dozenten oder andere Leser an Stilbrüchen schnell erkennen, ob es sich um einen oder mehrere Autoren eines schriftlichen Referates oder einer Magisterarbeit handelt. Auch schwache Rechtschreibung eines Studierenden und eingestreute fehlerfreie Absätze rufen Misstrauen hervor. Darüber hinaus machen sich manche Kopierer noch nicht einmal die Mühe, die Formatierung zu ändern, so dass die Herkunft eines Textstücks aus fremder Quelle schon auf den ersten Blick zu erkennen ist.

Gezielter Betrug ist dann der ***Erwerb*** ganzer schriftlicher Haus- oder Abschlussarbeiten ***aus dem Internet***. Aber auch davor sei gewarnt: Da schriftliche Referate auf das besuchte Seminar oder Diskussionen Bezug nehmen sollen, die mit dem Betreuer geführt wurden, hilft der Kauf von Texten nur denjenigen, die sich daran eine goldene Nase verdienen. Man könnte argumentieren, dass Dozenten, die so phantasielose "mainstream"-Themen vergeben, die man kaufen kann, selbst Schuld sind. Allerdings müssen während des Studiums immer wieder auch Grundlagenkenntnisse durchdacht und selbst dargestellt werden, um sich Inhalte selbst anzueignen. Auch Diskussion, Auseinandersetzung und damit das "Wachsen" eines Textes in eine bestimmte vorher nicht ganz klar festlegbare Richtung sollten den Erwerb von schriftlichen Arbeiten verhindern. Zur Warnung sei noch angemerkt: Es gibt immer mehr Dienste, bei denen Hochschullehrer Seminararbeiten einreichen können. Diese werden dort für ein geringes Entgelt überprüft und bewertet. Für den jeweiligen Text wird dann angegeben, wieviel Prozent Übereinstimmungen er mit im Internet erhältlichen Dokumenten aufweist (www.canxeus.com; www.integriguard.com; www.turnitin.com, www.plagiarism.org; www. pagiserve.com).

Problematisch ist in jedem Fall eine ausschließliche Konzentration auf das Internet als Informationsmedium. Das Internet gibt nach wie vor nur einen kleinen Ausschnitt der Wirklichkeit wieder, in der wir leben und forschen. Es gibt nach wie vor Institutionen, Informationen und Personen, die *nicht* über das Internet ausfindig zu machen sind. Das muss man sich immer wieder vergegenwärtigen, sonst kommt es zu einem sehr verengten Blickwinkel, den ein Kollege so charakterisierte: "Was in Google eingegeben kein Ergebnis bringt, existiert für viele Studierende nicht mehr".

5. Literaturverzeichnis

Wie man bibliographische Angaben macht, ist im Kapitel ☞ **LITERATURANGABEN** dargestellt worden. Hier geht es nur noch um die Zusammenstellung aller Literaturangaben in einem Literaturverzeichnis, einer

Bibliographie, am Ende eines Manuskripts. Die Regeln der Anordnung sind einfach:

- Alle Veröffentlichungen werden alphabetisch nach den Familiennamen der Verfasser/Herausgeber (bzw. nach Titeln, wenn ein Verfasser nicht bekannt ist) angeordnet.
- Bei Verfassern mit gleichem Familiennamen richtet sich die Reihenfolge alphabetisch nach dem Vornamen; also *Berger, Anton* vor *Berger, Berthold.*
- Bei mehreren Verfassern gilt der Name des zuerst auf dem Titelblatt genannten. *Zapf und Boas* sind also unter Z einzuordnen. Die weitere Anordnung richtet sich nach den Namen der an den nächsten Stellen genannten, also etwa *Boas und Berger* vor *Boas und Hunt.*
- Arbeiten eines Verfassers (oder derselben Verfasser oder Herausgeber) werden in der Reihenfolge der Erscheinungsjahre angeordnet.
- Mehrere Arbeiten eines Verfassers (eines Herausgebers oder jeweils mehrerer) mit demselben Erscheinungsjahr werden mit Buchstaben (a, b, c ...) versehen und in dieser Reihenfolge alphabetisch angeordnet.
- Veröffentlichungen, für die jemand als Herausgeber zeichnet, werden nach denen angeordnet, für die er Autor ist. Also alle Veröffentlichungen von *Boas, Franz (Hg.)* nach denen von *Boas, Franz.*

Die Möglichkeiten der Anordnung der einzelnen Bestandteile einer Literaturangabe im Literaturverzeichnis sind vielfältig und unterscheiden sich auch etwa in Zeitschriften deutlich voneinander. Hier einige der Möglichkeiten am Beispiel einer Veröffentlichung von Franz Boas.

Boas, Franz: Veränderungen der Körperform der Nachkommen von Einwanderern in Amerika. In: Zeitschrift für Ethnologie, Band 45, 1913, S. 1-22.

Boas, Franz. 1913: Veränderungen der Körperform der Nachkommen von Einwanderern in Amerika. In: Zeitschrift für Ethnologie, Band 45, pp. 1-22.

Boas, Franz
1913 Veränderungen der Körperform der Nachkommen von Einwanderern in Amerika. In: Zeitschrift für Ethnologie 45: 1-22.

BOAS, Franz
1913 Veränderungen der Körperform der Nachkommen von Einwanderern in Amerika. *Zeitschrift für Ethnologie* 45: 1-22.

Hier geht es einerseits um ein schnelles Auffinden der Literaturangaben, andererseits aber auch um Platz sparende Aufteilung – also Ökonomie. Die angeführten Möglichkeiten machen deutlich, dass die beiden ersten etwas Platz sparender sind, die beiden anderen sich aber vor allem in einer langen Bibliographie leichter auffinden lassen. In jedem Falle sollte die Jahreszahl direkt nach dem Namen stehen, so wie im Text die Arbeit als Beleg ja auch angeführt wird: (Boas 1913). Sehr unterschiedlich wird die Möglichkeit gehandhabt, den Namen bei jeder Literaturangabe wieder zu nennen oder ihn nur einmal anzugeben, was bei den Beispielen 3 und 4 sehr viel leichter möglich ist. In älteren Arbeiten wird gelegentlich die gesamte Literaturliste durchnumeriert, also mit Nummern versehen, die dann auch als Beleg im Text angegeben werden, also statt (Boas 1913: 26) etwa (4, S. 26). Wegen des Fehlens der Jahreszahl im Beleg ist diese Methode nicht zu empfehlen.

Der Unterschied zwischen den beiden letzten Formen besteht zum einen darin, dass im vierten Beispiel der Name in Kapitälchen steht (BOAS). Er muss so dann auch im Text angeführt werden (BOAS 1913). In diesem vierten Beispiel wird auch der Titel der Zeitschrift kursiv geschrieben (*Zeitschrift für Ethnologie*), wodurch das "In" wegfallen kann. Entscheidet man sich für diese Schreibweise, gilt allgemein, dass Buchtitel (auch Sammelbände) und Zeitschriftentitel jeweils kursiv geschrieben werden, um sie von Aufsätzen zu unterscheiden. Also etwa:

Boas, Franz
1968 *Race, Language, and Culture*. New York.

Lévi-Strauss, Claude
1973 Die Geschichte von Asdiwal. Edmund Leach (Hg.), *Mythos und Totemismus. Beiträge zur Kritik der strukturalen Analyse*. London. pp. 27-81.

Das Literaturverzeichnis am Ende dieses Bandes kann als Beispiel für die Anlage einer längeren Bibliographie genutzt werden.

Kapitel 11: Vortrag und Diskussion

1. Kritik
2. Aufgabe formulieren
3. Material sammeln
4. Konzept machen
5. Vorlage herstellen
6. Üben
7. Hilfsmittel
8. Vortrag
9. Diskussion

1. Kritik

Wir beginnen die Darstellung mit einem Exzerpt aus dem Aufsatz eines berühmten Wissenschaftshistorikers über Unterschiede zwischen Natur- und Geisteswissenschaftlern. In seiner Sicht fallen sie nicht gerade zu unserem – der Geisteswissenschaftler – Vorteil aus. Stephen Jay Gould, der an der Harvard University lehrt, beginnt den Aufsatz mit der Feststellung, dass es nach allgemeiner Ansicht den Naturwissenschaftlern bei wissenschaftlichen Vorträgen an sprachlicher Eleganz und Vermittlungsgeschick fehle. Das gerade sei aber die große Fähigkeit der Geisteswissenschaftler. Und dann kommt schon die böse Nebenbemerkung, "auch wenn die zehntausendste Analyse von Shakespeares hundertstem Sonett inhaltlich nichts wirklich Neues enthält." Tatsächlich seien aber die Naturwissenschaftler sowohl im Gebrauch der Sprache wie in der Art der Vermittlung die Überlegenen:[113]

> "Erstens lesen Geisteswissenschaftler ihre Vorträge nahezu ausnahmslos von einem geschriebenen Manuskript ab (und das fast immer schlecht, den Kopf vergraben und in einem sanften Singsang, der für Vorträge völlig ungeeignet ist). Naturwissenschaftler lesen fast nie vor; wir legen uns die Reihenfolge oder die Logik der Argumentation zurecht, schreiben ein paar Gedanken und Stichworte auf und sprechen dann frei. Ich war immer der Meinung, die Überlegenheit eines solchen echten mündlichen Vortrages sei leicht zu erkennen, und zwar zunächst einmal aus einem ganz praktischen Grund: Die naturwissenschaftliche Methode bedeutet wesentlich weniger Zeitaufwand bei gleichem Maß echter Sorgfalt ...
>
> Zweitens ist die freie Rede viel attraktiver und fordert die Aufmerksamkeit viel stärker als der eintönige, geistlose Sprechstil der meisten Vorleser. Mir ist natürlich klar, daß sich dieses Hindernis überwinden läßt, wenn man ein paar einfache Regeln beherzigt (zum Beispiel, indem man sich den nächsten Satz merkt und die Zuhörer zwi-

---

[113] Gould 1996: 43-45.

schendurch ansieht), aber in der Praxis lesen die wenigsten Leute gut vor – und die Langeweile, die sich bei schlechtem Vorlesen ansammelt, wiegt weit schwerer als alle Schrecklichkeiten einer fragwürdigen Grammatik und Semantik bei Wissenschaftlern, die im freien Reden nicht besonders geübt sind. Nebenbei bemerkt, vermute ich, daß viele Geisteswissenschaftler sich der Methode des Vorlesens aus Angst bedienen: Der Sprachstil ist ihr ein und alles, und deshalb nehmen sie Langatmigkeit und sogar Unverständlichkeit in Kauf, nur damit sich keine falsche Konjugation einschleicht; Naturwissenschaftler dagegen werden von ihren Kollegen nicht vorwiegend wegen ihres Sprachstils beurteilt und entscheiden sich deshalb für die bessere Darstellung mit dem einen oder anderen Fehler.

Zum dritten aber, und das ist das Wichtigste, sind die geschriebene und die gesprochene Sprache völlig verschieden – und das sollten die Geisteswissenschaftler am besten wissen. Texte, die zum Sprechen bestimmt sind, wirken in gedruckter Form meist nicht. ... Die Unterschiede sind Legion. Ich möchte nur einen nennen: Eine gesprochene Rede muß auf zyklischen Wiederholungen aufgebaut sein, denn sie wird fortlaufend vorgetragen, und der Zuhörer kann nicht zurückblättern; geschriebene Texte dagegen dürfen eher linear und nichtredundant sein, weil der Leser innehalten und noch einmal zu einem vorhergehenden Abschnitt zurückkehren kann."

Gould geht dann noch ausführlich auf das ein, was ihn in diesem Zusammenhang am meisten interessiert: der Gebrauch von Mitteln zur visuellen Verdeutlichung. So würden Dias bei Naturwissenschaftlern viel häufiger eingesetzt als bei den Geisteswissenschaftlern – außer von Kunsthistorikern, die immer gleich zwei Projektoren brauchten.

Ob diese Behauptungen über Unterschiede zwischen zwei großen wissenschaftlichen Gemeinschaften in jedem Einzelfall und für alle Fächer zutreffen, und ob die Zuordnungen zu Natur- oder Geisteswissenschaften jeweils so eindeutig sind, spielt in unserem Zusammenhang keine Rolle. Was da aber über zwei Stile des Vortragens gesagt ist, kann besser kaum gesagt werden. Wir werden davon im Folgenden ausgehen.

In welchem Berufsfeld Studierende der Ethnologie später auch tätig sein mögen, sie werden mündlich vortragen und an Diskussionen teilnehmen (oder sie leiten) müssen – ob als Hochschullehrerin oder Museumsethnologe, in Forschergruppen oder als Reiseleiter, in der Entwicklungshilfe oder im Medienbereich. Selbst wenn die Inhalte des Ethnologiestudiums später keine Rolle mehr spielen mögen, mündlichen Vortrag und Diskussion trainiert zu haben, ist in jedem Falle ein wichtiger und nützlicher Teil der Ausbildung.[114]

Zunächst ist bei Vorträgen und mündlichen Referaten vieles nicht anders als bei dem Beginn an einer schriftlichen Arbeit. Man muss sich in beiden Fällen als erstes die Abfolge der Arbeitsschritte klarmachen, und die sieht etwa so aus:

---

114 Siehe hierzu auch: Pabst-Weinschenk 1999; Steinbuch 1998.

2. Aufgabe formulieren
Wie genau lautet die Aufgabe oder das ***Thema*** – von anderen oder selbst gestellt? Es ist immer wieder erstaunlich, wie häufig etwa in Seminaren das Thema eines Referates missverstanden oder beliebig verändert wird. Mehr noch: wievieles erzählt wird, was gar nicht zum Thema gehört. Man sollte sich also als Erstes das genaue Thema ausformuliert hinschreiben, etwa: "Die drei Bedeutungen von 'Funktion' bei Bronislaw Malinowski" oder "Möglichkeiten Teilnehmender Beobachtung in modernen Städten".

Zur Aufgabe und zum Thema gehört die Klarstellung des ***Zusammenhangs***, der Bezug auf das allgemeinere Thema einer Vortragsreihe oder eines Seminars. Das Thema eines Vortrags oder Referats kann je nach Zusammenhang, in dem es steht, eine deutlich andere Ausrichtung bekommen. Der Rahmen zu den oben genannten Themen könnte jeweils sein: "Funktionalismus", "Definitionen" oder "Malinowski und Radcliffe-Brown", bzw. "Stadtethnologie", "Feldforschungsmethoden" oder "Formen der Teilnahme".

Ebenso zur Aufgabe gehört die genauere Bestimmung des ***Zieles***: Warum, wozu eigentlich soll dieses Thema abgehandelt werden? Geht es um die bloße Vorlage von Daten, um Problematisierung scheinbar einfacher Tatsachen, ein Koreferat zu einem anderen, um Aufarbeitung älterer Arbeiten, bevor man sich den eigentlichen Untersuchungen zuwendet?

Schließlich spricht man *für* jemanden und *zu* jemandem. Man muss sich also das ***Publikum***, die Zuhörer bewusst machen, man muss sie sich vorstellen. Das ist relativ am einfachsten in Seminaren, wenn die Teilnehmer einigermaßen homogen sind, also etwa Studierende der Ethnologie höherer Semester. Dann weiß man ungefähr, was man voraussetzen kann und was erläutert werden muss. Bei Vorträgen für ein allgemeines Publikum ist das schon sehr viel schwieriger. Aber auch da kann man sich etwa bei den Veranstaltern erkundigen, wer gewöhnlich zu solchen Vorträgen kommt. Überwiegend Rentner? Meist Studenten? Ein völlig gemischtes Publikum? Je weniger vertraut die Zuhörer mit dem Thema sind, desto mehr muss ich erläutern, desto weniger kann ich inhaltlich in der vorgegebenen Zeit vermitteln.

Nicht zuletzt sollte man sich sehr schnell überlegen, ob man die Aufgabe überhaupt ***bewältigen*** kann. Diese Überlegungen müssen schon beginnen, bevor man etwa an einem Seminar teilnimmt: Erfülle ich die

Voraussetzungen? – Kann ich regelmäßig an allen Sitzungen teilnehmen? – Ist mir das Ausmaß an Arbeit für dieses Thema einigermaßen klar? – Habe ich vielleicht schon zu viele Aufgaben in anderen Seminaren übernommen? Es ist erstaunlich, wie häufig Studierende erst nach einigen Wochen bemerken, dass sie nicht genügend Zeit eingeplant hatten; dass Oma ihren 90. Geburtstag genau an dem Tag des Referats hat, oder dass sie nicht ausreichend Französisch für die relevante Literatur beherrschen. Fazit: *Vorher planen* und *sofort mit der Arbeit beginnen*, nicht erst zwei Wochen vor dem Termin.

3. Material sammeln

4. Konzept machen

Da hierin kein Unterschied zwischen schriftlicher Arbeit und mündlichem Vortrag besteht, siehe dazu unter ☞ **LITERATURSUCHE UND -BESCHAFFUNG** und ☞ **SPRACHE UND SCHREIBEN**.

5. Vorlage herstellen (das "Vortragsskript")

Die Vorlage für einen mündlichen Vortrag sieht deutlich anders aus als ein geschriebener Text, ein "schriftliches Referat", ein wissenschaftlicher Aufsatz. Dabei wird hier davon ausgegangen, dass Vorträge und mündliche Referate (und Vorlesungen) nicht wörtlich abgelesen werden. Solche wörtlich verlesenen Texte sind für das Publikum ziemlich einschläfernd. Wörtlich abzulesen und den Vortrag dabei trotzdem für die Zuhörer spannend zu halten, ist noch schwieriger und braucht größere Erfahrung als ein völlig freier Vortrag. Gewöhnlich wird diese Form erst dann gewählt, wenn die Zeit ganz genau einzuhalten ist und es auf jedes Wort ankommt. Das gilt meist erst bei internationalen Kongressen, wenn noch das Problem des Vortrags in fremder Sprache hinzukommt. Es geht insgesamt darum, so vorzutragen, dass die Zuhörer

- möglichst viel verstehen,
- interessiert bleiben und weiter zuhören,
- Ansätze für eine Diskussion haben.

Für den ***Aufbau*** des Vortrags gibt es ein paar allgemeine Regeln, an die man sich immer halten sollte.

Am Anfang müssen *Themenvorstellung*, *Einbettung* und *Zielvorstellungen* stehen. Manche Hörer haben das genaue Thema des Referats vergessen, ihren Seminarplan nicht dabei oder sind eher zufällig in den Vortrag geraten. Also sollte man beginnen mit einer Formulierung wie "Ich werde im folgenden zum Thema ... sprechen" oder "Thema dieses Referats ist ..." (zum Beispiel: "Matrilinear organisierte Gesellschaften in Mikronesien"), um dann weiter deutlich zu machen "Es steht im Rahmen unseres allgemeinen Themas ..." (zum Beispiel: "Matrilineare und patrilinear organisierte Gesellschaften"). Zielvorstellung und auch Einschränkung sollten folgen: "Ich werde mich dabei konzentrieren auf ..." (zum Beispiel: "auf die Daten aus Truk" oder "die Untersuchungen von Augustin Krämer" oder "Probleme des Landbesitzes").

Es folgen *Hinweise zum Ablauf*. Das kann eine knappe Vorstellung der Gliederung des Vortrags sein (auch auf Folie oder vervielfältigt verteilt), Verweise auf Hilfsmittel (Folien, Karten, Bilder, Vervielfältigungen), Vorstellungen darüber, wann und wie *Fragen* gestellt werden können (eventuell nach anzugebenden Abschnitten), schließlich eine Angabe über die ungefähre *Dauer*.

Angaben über die benutzten *Quellen* – auch eigene Kenntnisse und Erfahrungen – sind bei mündlichen Vorträgen schwer interessant zu vermitteln und manchmal ermüdend. Also: keine Quellenangaben vorlesen so wie sie im Literaturverzeichnis stehen. Verteilte Vervielfältigungen oder Overhead-Folien sind hier viel nützlicher. Wichtiger sind *quellenkritische Bemerkungen* zum Wert oder zur Ausrichtung der benutzten Literatur. Auch die genannten eigenen Kenntnisse und Erfahrungen sollten hier einbezogen werden. So muss man angeben, dass man bestimmte Literatur über Brasilien nicht nutzen konnte, weil man nicht Portugiesisch beherrscht (hätte man dann das Referat übernehmen sollen?) – dass Bücher in der zur Verfügung stehenden Zeit nicht über Fernleihe zu beschaffen waren – dass man als Tourist drei Tage in Truk gewesen ist und ein paar eigene Dias hat.

In vielen Fällen wird es nützlich sein, einleitend einige *Begriffsklärungen* vorzutragen. Das gilt insbesondere für solche ethnologischen Begriffe, die unterschiedlich gebraucht werden. Also: "Unter 'Klan' verstehe ich in diesem Referat ..."

Der Vortrag selbst sollte in klare *Abschnitte* gegliedert sein, die vom Zuhörer auch nachzuvollziehen sind. Das kann man deutlich sagen ("Ich komme jetzt zum dritten Punkt meines Vortrags, dem Problem der Landrechte"). Und er sollte mit einer *Zusammenfassung* abschließen, die entweder knapp und stichwortartig das Wesentliche wiederholt ("Ich fasse zusammen ..."), es noch genauer in Thesen formuliert ("1. die matrilineare Organisation von Truk ist nicht genau spiegelbildlich zu einer patrilinearen, weil ...") oder Probleme formuliert ("Die Angaben über Landrechte widersprechen sich ..."). Bei mündlichen Referaten im Zusammenhang eines Seminars sollten diese abschließenden Bemerkungen zum einen den Bezug auf das Gesamtthema des Seminars herstellen und zum anderen Anstöße für Diskussionen bieten.

Das Vortragsmanuskript enthält also ***Stichworte***, nach denen ich relativ frei vortrage. Daneben kann man wörtliche Zitate einbauen (die als solche deutlich gekennzeichnet sind). Ich muss den Inhalt dessen, was ich sagen will, in jedem Falle vorher beherrschen. Wieweit ein vorzutragender Text auf Stichworte reduziert wird, ist individuell sehr verschieden und verändert sich mit der Erfahrung.

Eine nur scheinbar praktische Methode besteht darin, einen Text fertig ausformuliert niederzuschreiben, ihn dann aber wie Notizen zu benutzen. Man blickt also mal auf den Text, mal ins Publikum, formuliert Sätze frei, dann liest man wieder was ab (wenn man es wieder findet) etc., etc. Die Argumente für diese "Methode" sind wohl so alt wie das System mündlicher Referate. Etwa: Wenn ich den Text gleich fertig hinschreibe, habe ich nur einen Arbeitsgang für mündliches und schriftliches Referat. Entsprechend miserabel sind gewöhnlich beide. Gesprochene und geschriebene Sprache sind verschieden; die für einen Vortrag zur Verfügung stehende Zeit ist begrenzt, ein geschriebener Text kann und muss ausführlicher sein. Was herauskommt, ist immer ein schlechter Vortrag. – Übrigens ist auch das andere Argument für dieses Verfahren falsch: Wenn man einen "Blackout" habe, könne man immer noch auf den ausformulierten Text zurückfallen. Das Vorgehen zwingt geradezu zum Blackout und verhindert das notwendige Training für Vorträge. Dagegen könnte es von Vorteil sein, tatsächlich eine erste Fassung des schriftlichen Referates fertigzustellen und danach die Vorlage für das mündliche. Auf diese Weise hat man sich den Inhalt wirklich angeeignet, bevor man ihn auf das Vorzutragende reduziert. Die endgültige schriftliche Fassung übrigens sollte erst nach Diskussion und nach den anderen Referaten fertig gestellt werden. Beides kann noch zu erheblichen Veränderungen führen.

Die Reduzierung des Inhalts bei Vorträgen (gegenüber schriftlichen Fassungen) besteht also nicht nur in der Verkürzung auf Stichworte, sondern auch in der Anpassung an die vorgegebene Zeit, auf das beim Hören zu Vermittelnde und in der Anregung für Diskussionen in einem Seminar. Hier kann dann Information, können Daten und Überlegungen auf Fragen oder Einwände nachgeschoben werden. Ein inhaltlich perfekter Vortrag ist übrigens oft eine schlechte Diskussionsvorlage.

Was und wieviel da auf dem Papier steht, wie es angeordnet ist, kann also außerordentlich unterschiedlich sein. Es kann von verkürzten Sätzen bis zu einzelnen Wörtern reichen, von Zeilen bis zu Graphiken. Dazu ***zwei Beispiele für Vorlagen***, die in Anfängervorlesungen benutzt wurden. Sie sollen deutlich machen, dass man nicht an Texten im eigentlichen Sinne kleben muss, sondern Vorlagen entwickeln kann, die Overhead-Folien entsprechen. Die erste Vorlage diente der Erläuterung der Ziele der im Studienplan vorgeschriebenen Feldforschungsexkursion in der Gruppe bzw. des Feldforschungspraktikums Einzelner.

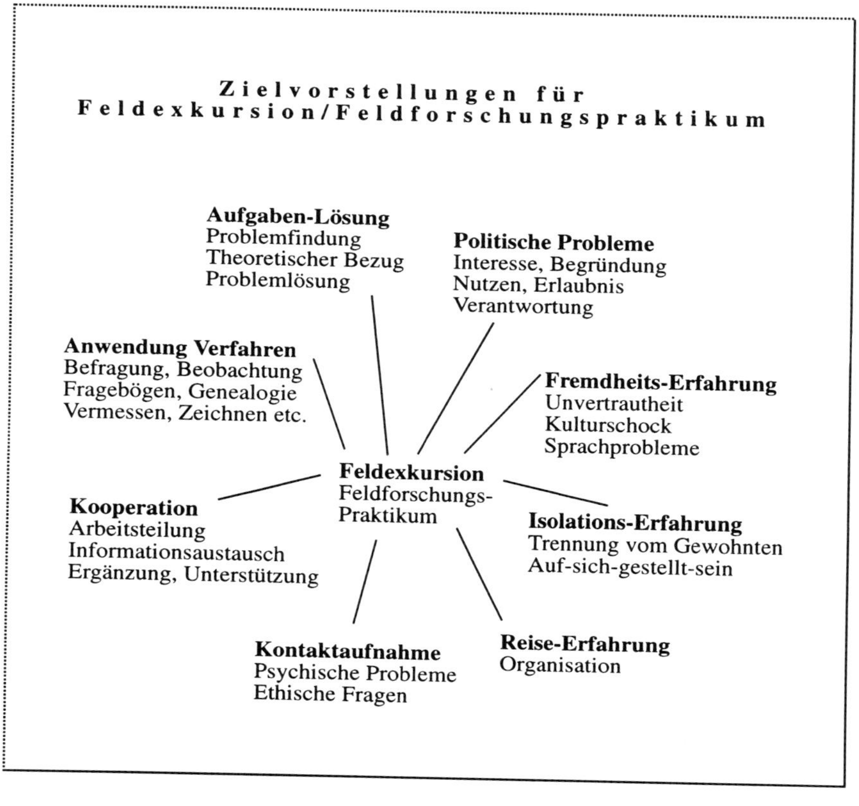

Modell der Ausbildung zur Feldforschung

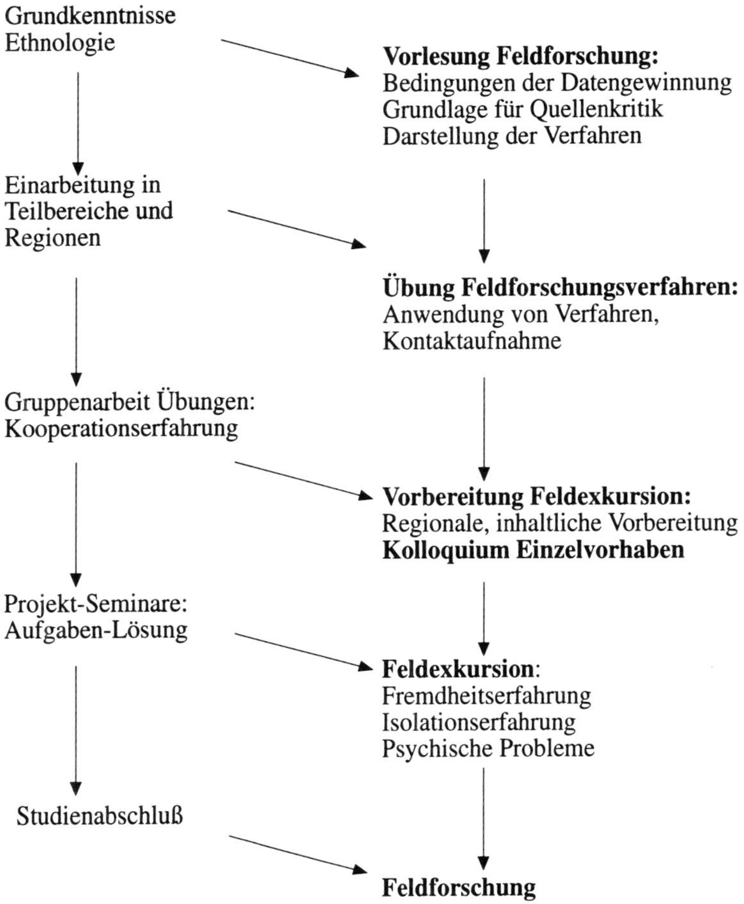

Es ging in der zweiten Vorlage darum, deutlich zu machen, wie verschiedene angebotene Lehrveranstaltungen zu "Feldforschung" im Ablauf des Studiums aufeinander aufbauen (rechte Spalte) und welche Kenntnisse aus anderen Veranstaltungen jeweils Voraussetzung sind (linke Spalte). In beiden Fällen lässt sich der Inhalt mittels gleichzeitig gezeigter Overhead-Folie besser vermitteln als durch einen abgelesenen oder nach Stichworten vorgetragenen Text.

Die ***technischen*** und ***organisatorischen Probleme*** eines Vortrags sollte man nicht unterschätzen. Und sie werden leider zu häufig unterschätzt. Hier ein paar Hinweise dazu:

Das verwendete *Papier* für ein Vortragsmanuskript sollte am besten DIN A4 sein. Ist es kleiner, bekommt man zu wenig auf eine Seite und muss ständig umblättern. Beim Umblättern passiert es auch versierten Vortragenden, dass sie mal zwei Blätter zusammen umlegen und sich dann wundern, dass ihre Stichworte so gar nicht zusammenpassen. Das Papier sollte also nicht zu dünn sein und eine gewisse Festigkeit und Glätte haben, so dass die Blätter nicht aneinander kleben. Manche Vortragenden ziehen übrigens getöntes Papier weißem vor, weil das eventuell zu stark glänzt oder abstrahlt. Das hat mit dem Sehen zu tun und auch dieser Aspekt sollte nicht unterschätzt werden: Kann ich die Notizen problemlos lesen? Wie hoch ist eventuell ein Pult, auf dem die Blätter liegen? Und: Habe ich die richtige Brille dabei?

Umgekehrt: Wie groß muss die *Schrift* sein, damit ich alles ablesen kann und welche Schrifttype kann ich gut lesen (Helvetica? Times? – 14 Punkt? 18 Punkt?). Und wie soll der Zeilenabstand sein: engzeilig - weitzeilig? Das alles betrifft schon die Anordnung der Notizen auf der Seite. Und auch da gibt es einige Erfahrungen. So sollten die Zeilen nicht zu lang sein, sonst verliert man leicht den Faden. Also lieber breitere Ränder lassen. Absätze sollen deutlich hervorgehoben und damit der Text übersichtlich gegliedert sein. Zusammengehöriges soll nicht auf zwei Seiten verteilt werden, nicht auf der nächsten Seite weitergehen. Das bedeutet insgesamt, dass man mit der Seitenaufteilung großzügig umgehen muss.

Die Vorlage enthält also Stichworte, ausformulierte Sätze und wörtliche Zitate. Danach spricht man frei (besser: halbfrei), abwechselnd die Notizen und die Zuhörer anblickend. Beim Zurücksehen auf die Vorlage muss man die Stelle leicht wieder finden, an der es weitergeht. Das geht – außer durch klar getrennte Absätze – vor allem durch *Hervorhebungen* im Text. Ob sie besser **fett**, *kursiv*, g e s p e r r t, unterstrichen oder alles zusammen sind, muss jeder für sich herausfinden. Es hat keinen Zweck, in einer Vortragsvorlage *zu viele* unterschiedliche Hervorhebungen anzubringen. Wichtig ist nur, dass man damit klar das Wesentliche an die Zuhörer vermittelt und die richtigen Stellen beim Vortrag wieder findet.

Im Gegensatz zu einem abgelesenen Vortrag ist die ganz genaue Zeitdauer bei einem frei oder teilweise frei vorgetragenen schwerer abzuschätzen. Deshalb sollte man zweierlei tun: Bestimmte Abschnitte markieren, die man auslassen kann, wenn man länger geredet hat, als geplant. Um das zu bemerken, kann man sich ***Zeitangaben*** auf die Blätter schreiben, etwa rechts oben: "12" (12 Minuten bis hierhin). Beim Vergleich mit der Uhr (die man bei Vorträgen unbedingt braucht), erkennt man, ob man in der geplanten Zeit ist oder die angezeigten Abschnitte ("Füllmaterial") weglassen muss. Gegen einen Vortrag, der kürzer ist als angegeben (oder vorgegeben), hat kaum jemand etwas einzuwenden.

6. Üben

Ein Vortrag muss geübt werden. Erst dadurch erkennt man, ob man nach der Vorlage auch vortragen kann und ob die vorgegebene Zeit einzuhalten ist. Auch Professoren mit langer Lehrerfahrung brauchen vor einer Vorlesung Zeit, um sich in die Vorlage einzulesen und sich einzusprechen. Selbst dann, wenn sie diese Vorlesung schon mehrfach gehalten haben. Erst so wird ein Vortrag lebendig, löst sich von den formalen Problemen und kann sich ganz dem Inhalt und der Vermittlung widmen. Aber auch nach vielen Jahren gewöhnt man sich manche Unarten schwer ab, selbst wenn man sich ihrer bewusst ist. Dagegen kann ein Zettel auf dem Pult helfen, auf dem beispielsweise steht "Langsam! Pausen machen!"

Nützlich ist übender Vortrag vor anderen, die sich dazu vielleicht bereit erklären, wenn man Gegenleistung gleicher Art verspricht. Sie können den Übenden sofort auf zu schnelles Sprechen, unklare Aussprache, rudernde Armbewegungen, verschluckte Endsilben, unverständliche oder schlampige Formulierungen aufmerksam machen. *Nach* einem Vortrag jemanden um Kritik zu bitten, bringt gewöhnlich nur dann etwas, wenn man das vorher abgesprochen hat. Nur dann kann sich der Beobachter entsprechende Notizen machen. Diese nachträgliche Kritik wird aber niemals so in Einzelheiten gehen können wie das sofortige Unterbrechen beim Üben. Natürlich lernt man auch eine Menge, wenn man bewusst anderen zuhört, anderen Studierenden und Lehrenden. Deren Fehler und Vorzüge sollte man sich klar machen und notieren.

Wer das noch nicht versucht hat, sollte seinen Vortrag auch einmal auf Band sprechen. Man lernt eine Menge dabei. Weniger zum Inhaltlichen als zu den Möglichkeiten und Problemen der eigenen Stimme und zu Sprache und Redeweise. Allerdings bemerkt man selbst weniger als andere das, was einem völlig gewohnt ist: Nervöses Hüsteln, regionale Ausdrucksweisen, zu hohes Sprechtempo etc. Die Zeit, die man für den Vortrag braucht, lässt sich damit aber sehr gut feststellen. Gerade in der ethnologischen Ausbildung sollte der Umgang mit Bandaufnahmen zum Alltäglichen gehören.

7. Hilfsmittel

Lange Vorträge (auch Vorlesungen von anderthalb Stunden) können ziemlich ermüdend sein. In zwanzig kurzen Minuten dagegen schafft man es oft nicht, alle wesentlichen Informationen weiterzugeben. Im ersten Falle braucht man also Abwechslung, im zweiten die Möglichkeit, durch mehr als das gesprochene Wort etwas zu vermitteln. Beides kann man mit einigen Hilfsmitteln erreichen, die sorgfältig und früh eingeplant werden müssen. Es sind im Wesentlichen diese:

- *Handouts*: vervielfältigte, an die Hörer verteilte Papiere (mit Gliederung, Thesen, Fragen, Karten oder Literatur)
- *Overhead-Folien*: mit Projektor an Tafel oder Wand geworfene Texte, Schemata, Karten, etc.; direktes Schreiben auf Folie oder die Wiedergabe vom Computer
- *Dias*
- *Wandkarten*
- *Schreiben* bzw. Zeichnen *an die Tafel*

Es gibt noch ein paar weitere Hilfsmittel, die teils selten genutzt werden können, teils nicht zu empfehlen sind. Da gibt es zunächst noch ***akustische*** Möglichkeiten: etwas von Band, Kassette oder Diskette vorzuspielen (Interviews, Mitschnitte von Ereignissen, etc.) und den ganzen Bereich der "***bewegten Bilder***", also Filmaufnahmen oder Video-Kassetten. Im allgemeinen werden diese Mittel nur für längere Vorträge in Frage kommen. Ebenfalls selten möglich ist das Zeigen von ***Gegenständen***, meist im Zusammenhang mit Lehrveranstaltungen zur materiellen Kultur. Wie ein Steinbeil aus dem Hochland Neuguineas aussieht, ein Grabstock, eine Netztasche, ist aber für das Verständnis etwa der Wirtschaftsweise sehr wichtig. Meist wird man Dias einsetzen, wenn nicht das

Institut eine eigene Sammlung hat oder die Beziehungen zum nächsten Völkerkunde-Museum gut sind. Hier lassen sich dann Dinge auch vorführen – jedenfalls von dem, der es kann: wie man Feuer sägt, quirlt oder pflügt oder wie eine Maultrommel gespielt wird.

Nicht genannt wurde die schon reichlich veraltete – und technisch seit Jahrzehnten kaum verbesserte – Möglichkeit, ein ***Episkop*** zu verwenden, um Bilder oder Texte direkt aus Büchern an die Wand zu projizieren. Gewöhnlich ist die Qualität so schlecht, dass man das besser sein lässt. Und in keinem Fall sollte man auf die Idee verfallen, Bücher (oder andere Materialien) ***unter den Hörern umlaufen zu lassen***. Zum einen entsteht nach allen Erfahrungen sofort Unruhe und Unaufmerksamkeit, zum anderen läuft so ein Buch durch die Bänke, wenn der Vortragende längst bei einem anderen Punkt des Vortrags angekommen ist. Dann liest sich jemand an einer anderen als der angemerkten Stelle fest, der Nächste nimmt den eingelegten Zettel heraus, und der Rest der Zuhörer betrachtet bewegt das Foto einer Beerdigungszeremonie, wenn der Vortragende vom fröhlichen Biertrinken erzählt.

Zurück nochmals zu den oben genannten Hilfsmitteln. Es geht also um Abwechslung, darum, die Aufmerksamkeit und Konzentration der Hörer zu erhalten. Das kann der Vortragende schon dadurch erreichen, dass er aufsteht und etwas an der Karte zeigt, ein Wort an die Tafel schreibt, durch drei Dias das Gesagte illustriert. Meist bringt das nicht sehr viel mehr an relevanter Information, verlängert aber auch den Vortrag nicht wesentlich. Die anderen Hilfsmittel sollen ihn verkürzen, indem verschiedene Möglichkeiten nebeneinander genutzt werden, bzw. das Verständnis erleichtert, also schneller erreicht wird. Das kann durch eine Gliederung des Vortrags geschehen, die als Handout verteilt oder mit Overhead-Projektor an die Wand geworfen stehen bleibt. Es können aber auch Karten, Schemata, Pläne, Zitate, Definitionen sein, die die Zuhörer *sehen* während sie *hören*. Beispielsweise kann es die Vorlage des Vortragenden selbst sein, wie in den vorhergehenden Abbildungen gezeigt. Wichtig ist, dass es nicht so viel oder so Nebensächliches ist, dass es vom Vorgetragenen und Vortragenden ablenkt. Hier kann man auch einfachste Dinge so verkomplizieren, dass jeder rätselt, was das eigentlich bedeutet. – Ein "Thesenpapier" wird man gewöhnlich erst am Ende des Vortrags verteilen, als Anlass für die folgende Diskussion (s. unten: "Diskussion").

8. Vortrag

Mit Beginn des Vortrags sollte man bereits bestimmte zusätzliche Informationen gesammelt und ***Vorbereitungen*** abgeschlossen haben. Informationen über Publikum und räumliche Situation, über Lichtverhältnisse, Mikrophon und Lautsprecher, Karte, Tafel und Kreide, Overhead- oder Dia-Projektor, Vorführer und Leinwand, Verdunklung und Lichtschalter holt man besser eine Weile vorher ein, um unangenehmen Überraschungen zu entgehen. Ein niedriges Pult kann jemanden, der größer als 180 cm ist, zur Verzweiflung treiben, andere die Notwendigkeit, ständig in ein Mikrophon sprechen zu müssen, zu dem man immer den gleichen Abstand halten muss. Die unabgewischte Tafel macht ebenso Freude wie fehlende Kreide, auf dem Kopf stehende Dias und Verdunklung, die auf Knopfdruck keineswegs nach unten kommt.

Bei mündlichen Referaten im Kreise anderer Seminarteilnehmer mag das alles nicht so schlimm sein. Es gibt nicht so viele Dinge zu berücksichtigen, und wenn ein Teil der Seminarzeit mit dem Heranschaffen des Projektors, dem Aufhängen der Leinwand, der Suche nach einer Steckdose verloren geht – wen kümmert's? Aber auch hier gibt es mehr Gelegenheiten, sich selbst und anderen das Leben schwer zu machen. Etwa dann, wenn die Zuhörer sich zum Blick auf Karte oder Dias vom Vortragenden in die Gegenrichtung wegdrehen müssen, wenn der Vortragende in Richtung Fenster schaut und damit die Gesichter der Hörer (und ihre Reaktionen) nicht sieht. Schwer zu hören ist ein Vortrag, der vom Publikum weg gegen Karte, Tafel oder Dias gerichtet ist. Ein unbequemer oder knarrender Stuhl kann alle ziemlich irritieren, und wenn man vor sich nicht genügend Platz zum Ablegen seines Materials hat, stört das ebenfalls. Fazit: Man braucht Zeit, um sich vor dem Vortrag/Referat um alles kümmern zu können. Die Zeit sollte man von vornherein dafür einplanen.

Sprechen: Ziel des Vortrags sollte es doch wohl sein, von den Zuhörern verstanden zu werden – verstanden im akustischen wie im inhaltlichen Sinne. Dazu gibt es einige Voraussetzungen, die allein beim Vortragenden liegen: Er muss frei und unbehindert sprechen können, nicht nur von der richtigen Stelle und aus der richtigen Entfernung. Dazu gibt es leider eine Menge negativer Erfahrungen aus Lehrveranstaltungen. Da sind nicht nur Referenten, die ihre Füße auf einen Stuhl neben sich legen oder die Knie gegen die Tischkante stemmen (offenbar aus Angst, "uncool" zu wirken). Es gibt auch solche, die ihren Brustkorb an die Tischkante drücken und so tief über dem Tisch (und der Vorlage) hängen, dass die Stimme nur noch gepresst herauskommt. Dabei reden sie in Richtung Tischplatte statt zu den Zuhörern. Und dann gibt es noch Vortragende, die ihren Mund nicht aufmachen und die Zähne beim Sprechen nicht auseinander kriegen. Meist ein Zeichen von Schüchternheit und Angst. Zuhause trainieren!

Wahrscheinlich in dieselbe Richtung gehen einige Haltungen der ***Hände***: Kopf in beide Hände stützen ist eine gute Methode, die Bewegungen der Unterkiefer und damit das Sprechen zu behindern. Noch besser ist es, die Hand vor den Mund zu halten, dann versteht man gleich nichts mehr. Schwieriger ist es für manche Referenten, ihre Hände aus dem Gesicht zu lassen und nicht an Nase, Ohren, Augenbrauen, Unterlippe, güldenen Locken oder Bartstoppeln herumzufummeln. Vorschlag: Hände auf den Tisch, mit der einen am Manuskript die Stelle markieren, an der man ist. Die andere Hand kann man für unterstreichende Gesten und zum Umblättern benutzen.

Die ***Stimme*** sollte sowohl in der Lautstärke wie in der Stimmhöhe die eigene Mittellage einhalten. Alles andere strengt an und verkrampft. Betonungen müssen nicht hinausgebrüllt werden. Das kann man sich alles beim Üben schon bewusst machen und trainieren. Das *Tempo* des Vortrags dagegen sollte wechseln. Dadurch kann man Wichtiges (langsamer gesprochen) von weniger Wichtigem unterscheiden und auch der Langeweile vorbeugen. Pausen zwischen Abschnitten betonen die Gliederung und verhindern Erschöpfung. Bei öffentlichen Vorträgen sind sie *die* Gelegenheit für Hüsteln, Husten, Naseputzen, Bemerkungen zum Nebensitzenden – und für den Vortragenden, der sich auch mal die Nase putzen muss.

Wovor niemand Angst haben sollte, sind ***Versprecher***. Sie sind nichts als natürlich, und wenn man einmal guten Rednern zuhört, dann merkt man, dass auch sie sich versprechen. Es macht ihnen bloß nichts aus. Sie korrigieren sich, und damit hat es sich. Achten sie auf Fernsehansager, die versprechen sich auch, bei aller Professionalität. Und auch "äh" und "mm" sind keine Fehler. Was sie dagegen nicht tun sollten, ist ***Lachen***. Nicht bei Versprechern und auch grundsätzlich nicht. Schauen sie freundlich, auch freundlich lächelnd, ihre Zuhörer an. Unterstreichen sie durch ein Lächeln eine witzige Tatsache oder ein komisches Zitat. Aber es gibt da das anbiedernde, um Entschuldigung flehende, "ihr-wißt-ja-ich-bin-doch-so-hilflos"-Lachen, das auf Zuhörer peinlich wirkt. Es macht niemanden sympathischer und den Vortrag nicht besser. Aber auch das übertriebene Selbstbewusstsein mancher Herren, spöttisch über alles witzelnd die eigene Überlegenheit darstellend, ist nur Ausdruck ihrer Unerfahrenheit und Angst.

Noch eine letzte Feststellung: Ein Vortrag, ein mündliches Referat, eine Vorlesung ist keine Veranstaltung in Isolationshaft. Es sollte eine Form der ***Kommunikation*** sein, der Kommunikation zwischen Vortragenden und Zuhörern. Das drückt sich in Sprech- und Blickrichtung, in grundsätzlicher Ausrichtung des Vortrags auf die Zuhörer aus. Und es sollte sich in Reaktionen des Vortragenden auf Reaktionen der Zuhörer ausdrücken. Man muss das Publikum anschauen, dann merkt man oft auch, wenn etwas unverständlich war und man es erläutern muss. Man merkt, wenn man zu lange redet und abkürzen sollte. Man wird als Vortragender erheblich besser, wenn man die Zuhörer zum "Mitgehen" bringt. Zuklappende Augendeckel, verstecktes oder offenes Gähnen, Unterhaltungen untereinander, Lesen von Taschenbüchern sollten selbst dem Anfänger zu denken geben. Beziehen Sie also Ihr Publikum auch durch Blickkontakte in den Vortrag ein. Genau das ist auch eines der Argumente gegen das Ablesen wörtlich ausgearbeiteter Texte. Dann kann man nämlich nur gelegentlich misstrauisch hochblicken, ob das Publikum noch da ist.

8. Diskussion

Eine "Kultur der Diskussion" hat sich leider in der Ethnologie kaum herausgebildet. So soll es noch immer Seminare geben, in denen ein (dreiviertelstündiges) Referat nach dem anderen abgespult wird, ohne dass es eine Auseinandersetzung darum gibt. Bei Tagungen sieht es oft nicht viel besser aus. Diese Situation kann hier naturgemäß auf ein paar Seiten nicht verbessert werden. Mehr als ein paar Hinweise, wie man zu sinnvollen Diskussionen kommen kann, sind nicht möglich.

Voraussetzung für alles weitere ist, dass eine Diskussion überhaupt beabsichtigt ist und dass es etwas zu diskutieren gibt. Das bedeutet zum einen, dass Themen ***problemorientiert*** angelegt sein müssen. "Hausformen Afrikas", "Ethnographie Indonesiens" oder "Pfeilspitzen der Buschleute" können zwar Fragen und Kritik produzieren, aber kaum eigentliche Diskussion. Problemorientiert wäre das Thema "Sind matrilinear organisierte Gesellschaften strukturell spiegelbildlich zu patrilinearen?" oder "Alternative Theorien zur Besiedlung des Pazifik" oder "Ist

Sesshaftigkeit Voraussetzung für Anbau oder umgekehrt?" Es muss also auf Fragen mehrere unterschiedliche Antworten geben, auf die man logisch oder mit empirischen Daten eingehen, die man abwägen kann. Das gilt für ganze Seminare, und es gilt für einzelne mündliche Referate.

Entsprechend sollte eine *ganze Veranstaltung* aufgebaut sein: Diskussion muss als wesentlicher Bestandteil betrachtet, entsprechend viel Zeit dafür eingeplant und eingehalten werden (etwa: 20 Minuten Referat, 20 Minuten Diskussion). Die Themen der Referate oder Vorträge müssen problemorientiert formuliert sein (etwa: "Wie geben afrikanische Hausformen soziale Unterschiede wieder?"). Meist ist es außerdem notwendig, erst einmal gemeinsame Grundlagen für alle Teilnehmer zu schaffen. Etwa dadurch, dass jeder bestimmte grundlegende Texte vor Beginn schon des ersten Referats gelesen haben muss.

Die Vorträge müssen mit diskutierbaren Zusammenfassungen, Thesen (Behauptungen) oder Fragen enden. Solche "***Thesenpapiere***" sind nicht dasselbe wie die oben aufgeführten "Hilfsmittel" für den Vortrag, es sei denn, der ganze Vortrag ist eine Darlegung von Thesen. Sonst sollte man Probleme, Fragen, zentrale Annahmen oder Behauptungen, die übernommen oder selbst entwickelt wurden, zusammenstellen und gegen Ende des Vortrags als Handouts verteilen oder projizieren. Durchnumeriert, knapp formuliert, verständlich, diskutierbar.

Auf der anderen Seite müssen die ***Zuhörer*** problematische Punkte des Vortrags notieren und für sich ordnen (siehe "Protokolle"), sonst kann eine sinnvolle Diskussion schon mangels Erinnerung an das Gesagte nicht entstehen. Schließlich sollte ein vorher bestimmter ***Diskussionsleiter*** (nicht unbedingt immer der Seminarleiter) die Diskussion strukturieren. Also nicht bloß Wortmeldungen in der richtigen Reihenfolge drannehmen, sondern Diskussionspunkte selbst vorschlagen, sie nacheinander und nicht durcheinander abhandeln lassen, Dauerquatscher unterbrechen, direkte Fragen an bestimmte Personen weitergeben, provozierende Behauptungen aufstellen, den Zusammenhang mit allgemeineren ethnologischen Problemen herstellen, Ergebnisse oder Widersprüche zusammenfassen.

Es besteht im Übrigen vielfach Unklarheit darüber, was "Diskussion" eigentlich bedeutet und was ein Diskussionsbeitrag ist. Von manchen Teilnehmern werden Diskussionen als Möglichkeit zur Selbstdarstellung genutzt (Hauptsache reden), von anderen dazu, jemanden (etwa dem Referenten) eins auszuwischen. Andere missverstehen Diskussionen als Unterhaltungsveranstaltungen, in denen man über alles und jedes schwafeln kann. Damit zusammenhängend scheint es eine Tendenz zu geben, seine "persönliche Meinung" für sehr wichtig zu halten ("ich finde das eine geile Sache", "mich interessiert das total").

Diskussion ist ein wichtiger Prozess in der Wissenschaft. Es geht nicht um Streiten im negativen Sinne, es geht auch nicht um Rechthaben. Es geht noch nicht einmal um die persönliche Meinung des einzelnen. Man kann zum Zweck der Diskussion auch gegen eigene Überzeugungen argumentieren und die Richtung seiner Argumente verändern. Die Logik einer Feststellung wird so von allen Seiten abgeklopft, quellenkritische Überlegungen werden angestellt, man macht auf Parallelen und Zusammenhänge aufmerksam, ergänzende Tatsachen werden eingeführt, Konsequenzen für andere Annahmen gezogen. Das muss man trainieren. Und wann sonst als im Studium sollte das geschehen?

Literaturverzeichnis

Akoun, André (Hg.)
1972 L'Anthropologie. Les Dictionnaires Du Savoir Moderne. Paris: Centre d'Étude et de Promotion de la Lecture.

American Anthropological Association
o.J. AAA Style Guide and Electronic Submission Information. Electronic Document. <http://www.aa/net.org/aaastyle.htm> [5.12.2002]

Barnard, Alan und Jonathan Spencer (Hg.)
1996 Encyclopedia of Social and Cultural Anthropology. London & New York: Routledge.

Baeck, Godehard und Rolf Husmann (Hg.)
1990 Handbuch der deutschsprachigen Ethnologie. (Arbeitskreis für Internationale Wissenschaftskommunikation). Göttingen: Edition Re.

Balzer, Wolfgang
1997 Die Wissenschaft und ihre Methoden. Grundsätze der Wissenschaftstheorie. Ein Lehrbuch. München.

Barfield, Thomas (Hg.)
1997 The Dictionary of Anthropology. Oxford: Blackwell.

Bastian, Adolf
1900 Die Völkerkunde und der Völkerverkehr mit seiner Rückwirkung auf die Volksgeschichte. Berlin: Weidmann.

Beck, Charlotte et al. (Hg.)
2002 Pfefferland. Geschichten aus der Welt der Gewürze. Wuppertal: Peter Hammer.

Beer, Bettina
1999 Joes Geschichten. Analysen philippinischer Erzählungen in ihrem kulturellen Kontext. (Kulturanalysen, Band 2). Berlin: Reimer.

Beer, Bettina (Hg.)
2003 Methoden und Techniken der Feldforschung. Berlin: Reimer.

Beer, Bettina und Hans Fischer
1998 Informationen zur Ethnologie. In: H. Fischer (Hg.), Ethnologie. Einführung und Überblick. 4. Aufl. Berlin: Reimer. pp. 401-409.

Beiträge zur völkerkundlichen Forschung
1965 Beiträge zur völkerkundlichen Forschung. Gedenkband zum 25jährigen Bestehen des Lehrstuhls für Völkerkunde der Universität zu Köln. (Kölner Ethnologische Mitteilungen, 4.) Wuppertal-Elberfeld: Priem.

Boas, Franz.
1913 Veränderungen der Körperform der Nachkommen von Einwanderern in Amerika. In: Zeitschrift für Ethnologie 45: 1-22.

1968 Race, Language, and Culture. New York: Free Press Paperback [zuerst Toronto 1940].

Bonte, Pierre und Michel Izard
1992 Dictionnaire de L'Ethnologie et de L'Anthropologie. 2. Aufl. Paris: Presses Universitaires de France.

Bosi, Roberto
1958 Dizionario di Etnologia. o.O: Mondadori.

Broad, William und Nicholas Wade
1984 Betrug und Täuschung in der Wissenschaft. Basel, Boston, Stuttgart: Birkhäuser. [Original: Betrayers of the Truth. Fraud and Deceit in the Halls of Science. New York: Simon und Schuster. 1982].

Brown, Samuel R.
1987 Finding the Source in Sociology and Anthropology. New York, Westport, London: Greenwood Press.

Bühl, Walter L.
1974 Einführung in die Wissenschaftssoziologie. München: Beck.

Cashmore, E. Ellis
1984 Dictionary of Race and Ethnic Relations. London: Routledge & Kegan Paul.

Clabburn, Pamela
1976 The Needleworker's Dictionary. New York: Morrow.

Craig, Robert D. und Frank P. King (Hg.)
1981 Historical Dictionary of Oceania. Westport und London: Greenwood Press.

Cranstone, B. A. L.
1961 Melanesia. A Short Ethnography. London: British Museum.

Davies, David
1972 A Dictionary of Anthropology. London: Frederick Muller.

Deutsche UNESCO-Kommission
1974 Symposium Leo Frobenius. Perspektiven zeitgenössischer Afrika-Forschung. Bericht über ein internationales Symposium, veranstaltet von der Deutschen und Kamerunischen UNESCO-Kommission vom 3. bis 7. Dezember 1973 in Jaunde. Pullach/München: Verlag Dokumentation.

Deutsches Übersee-Institut Hamburg
1983 Jahrbuch Dritte Welt. Daten, Übersichten, Analysen. Band.1. 1983. München: Beck.

Ditfurth, Christian von
1999 Internet für Historiker. 3. aktualisierte Aufl. Frankfurt a. M.: Campus.

Douglaus, Norman und Ngaire Douglas (Hg.)
1994 Pacific Islands Yearbook. 17. Aufl. North Ryde, Auckland, London: Angus & Robertson.

dtv-Brockhaus-Lexikon
1989 dtv-Brockhaus-Lexikon in 20 Bänden. München: dtv. [aktualisierte Neuausgabe als dtv-Lexikon, 1999]

Duden
1980 Rechtschreibung der deutschen Sprache und Fremdwörter. 18. Aufl. (Duden Band 1). Mannheim: Bibliographisches Institut, Wien, Zürich: Dudenverlag.
1989 Duden Etymologie. Herkunftswörterbuch der deutschen Sprache. 2. Aufl. (Duden Band 7). Der Duden in 12 Bänden. Mannheim: Dudenverlag.
1990 Duden Fremdwörterbuch. 5. Aufl. (Duden Band 5). Der Duden in 10 Bänden. Mannheim: Dudenverlag.

Duerr, Hans Peter (Hg.)
1985 Der Wissenschaftler und das Irrationale. 4 Bände. (Taschenbücher Syndikat/EVA; Band 56). Frankfurt a. M.: Syndikat.

Duroux, Paul-Émile
1975 Dictionnaire des Anthropologistes. Paris: Editions Universitaires.

Eliade, Mircea (Hg.)
1987 The Encyclopedia of Religion. 16 Bände. New York und London: Macmillan.

Ethnologie Heute.
1999 Electronic Document. <http://www.uni-muenster.de/EthnologieHeute/> [5.12.2002]

Evans-Pritchard, Edward Evan
1978 The Nuer. A Description of the Modes of Livelihood and Political Institutions of a Nilotic People. New York und Oxford: Oxford University Press. 10. Aufl. [1. Auflage 1940].

Feest, Christian F. und Karl-Heinz Kohl (Hg.)
2001 Hauptwerke der Ethnologie. Stuttgart: Kröner.

Fetterman, David
1998 The American Anthropological Association's Anthropology Resources on the Internet Web Page. Electronic Document. <http://www.stanford.edu/~davidf/ethnography.html> [5.12.2002].

Fischer, Hans
1958 Schallgeräte in Ozeanien. Bau und Spieltechnik – Verbreitung und Funktion. (Sammlung Musikwissenschaftlicher Abhandlungen, Band 36). Baden-Baden: Verlag Heitz [2. Aufl. Verlag Valentin Koerner 1974. Englisch: Sound-Producing Instruments in Oceania, Boroko, Papua New Guinea: Institute of Papua New Guinea Studies, 1983; Revised Edition 1986].
1975 Verzeichnis von Ethnologen in der Bundesrepublik und Westberlin. Hamburg: Seminar für Völkerkunde. (vervielfältigt).
1976 Ethnologen-Verzeichnis (Bundesrepublik Deutschland einschließlich Berlin (West) und deutsche Ethnologen im Ausland). Bonn - Bad Godesberg: Deutscher Akademischer Austauschdienst.
1985 Studienanfänger in Hamburg: Ergebnisse von Befragungen. In: Zeitschrift für Ethnologie 110: 177-206.
1996 Lehrbuch der Genealogischen Methode. Berlin: Reimer.
1998 Protokolle, Plakate und Comics. Feldforschung und Schriftdokumente. (Materialien zur Kultur der Wampar, Papua New Guinea, 5). Berlin: Reimer.

1999 "Quellen, ethnologische" in: Wörterbuch der Völkerkunde. Begründet von Walter Hirschberg. Grundlegend überarbeitete und erweiterte Neuausgabe. Berlin: Reimer.

Fischer, Hans (Hg.)
1998 Einführung in die Ethnologie. 4. Aufl. (Ethnologische Paperbacks). Berlin: Reimer.

Fischer, Hans und Ludger Müller-Wille
1977 Ethnologen-Verzeichnis (Bundesrepublik Deutschland einschließlich Berlin (West) und deutsche Ethnologen im Ausland). Bonn - Bad Godesberg: Deutscher Akademischer Austauschdienst.

Fox, Robin
2001 Kinship and Marriage. Reprint (Original 1967). Cambridge: University Press.

Frazer, James George
1989 Der Goldene Zweig. Reinbek bei Hamburg: Rowohlt. [Original: The Golden Bough. Cambridge 1922].

Gacs, Ute et al. (Hg.)
1988 Women Anthropologists. A Biographical Dictionary. New York: Greenwood Press.

Gould, Stephen Jay
1996 Leitern und Kegel: Einschränkungen der Evolutionstheorie durch kanonische Bilder. In: Silvers, Robert B. (Hg.), Verborgene Geschichten der Wissenschaft. Berlin: Berlin Verlag. pp. 43-71.

Graebner, Fritz
1911 Methode der Ethnologie. Heidelberg: Carl Winter's Universitätsbuchhandlung.

Hacker, Rupert
1976 Bibliothekarisches Grundwissen. 3. Aufl. München: UTB. Verlag Dokumentation. [7. neu bearb. Aufl. 2000]

Haekel, Josef
1970 Source Criticism in Anthropology. In: Raoul Naroll und Ronald Cohen (Hg.), A Handbook of Method in Cultural Anthropology. New York und London: Columbia University Press. pp.147-164.

Hakken, David
1996 Computers and Culture. In: David Levinson und Melvin Ember (Hg.), Encyclopedia of Cultural Anthropology 1: 228-233. New York: Holt.

Haller, Klaus und Hans Popst
1996 Katalogisierung nach den RAK-WB. Eine Einführung in die Regeln für die alphabetische Katalogisierung in wissenschaftlichen Bibliotheken. 5. überarbeitete Aufl. München: Saur.

Hammel, Eugene A. und William S. Simmons (Hg.)
1970 Man Makes Sense. A Reader in Modern Cultural Anthropology. Boston: Little, Brown.

Herder Verlag (Hg.)
1981 Herder Lexikon Ethnologie. Freiburg: Herder.

Herzog, Rolf
1976 Index für Bd. 1-99 (1869-1974) der Zeitschrift für Ethnologie. Braunschweig: Limbach.

Hirschberg, Walter (Hg.)
1965 Wörterbuch der Völkerkunde. (Kröners Taschenausgabe Band 208). Stuttgart: Kröner.
1988 Neues Wörterbuch der Völkerkunde. Berlin: Reimer.

Honigmann, John J. (Hg.)
1973 Handbook of Social and Cultural Anthropology. Chicago: Rand McNally.

Hoppe, Uwe und Jochen Kuhl
1996 Diplomarbeiten schreiben am PC. Text, Graphik und Recherche mit Windows, Word und WWW. München: Vahlen.

Horton, David
1994 The Encyclopaedia of Aboriginal Australia. 2 Bände. Canberra: Aboriginal Studies Press.

Hultkrantz, Åke
1960 General Ethnological Concepts. (International Dictionary of Regional European Ethnology and Folklore 1). Copenhagen: Rosenkilde und Bagger.

Hunter, David E. und Phillip Whitten (Hg.)
1976 Encyclopedia of Anthropology. New York: Harper & Row.

Husmann, Rolf (Hg.)
1985 Studienführer Ethnologie 1985. Directory of German Cultural Anthropologists and Anthropological Institutions. Arbeitskreis für Internationale Wissenschaftskommunikation; Deutsche Gesellschaft für Völkerkunde. Göttingen: Edition Herodot.

Illius, Bruno und Matthias Laubscher (Hg.)
1990 Circumpacifica. Festschrift für Thomas S. Barthel. 2 Bände. Frankfurt a.M.: Peter Lang.

Ingold, Tim (Hg.)
1994 Companion Encyclopedia of Anthropology. London und New York: Routledge.

Johansen, Ulla
1996 Die Ethnologen und die Ideologen. Das Beispiel der estnischen Ethnographen in der Sowjetzeit. In: Zeitschrift für Ethnologie 122: 181-202.

Jones, Adam
1998 Quellen und Quellenkritik in der Ethnologie. In: Hans Fischer (Hg.), Ethnologie. Einführung und Überblick. 4. Aufl. Berlin: Reimer. pp. 93-106.

Junge, Peter
1985 Bibliographie deutscher Kolonialzeitschriften (Veröffentlichungen aus dem Überseeemuseum Bremen, Reihe C; 3). Bremen: Überseemuseum.

1987 Ethnologische Zeitschriften. Deutschland, Österreich, Schweiz. (Skripten zur Ethnologie, Band 2). Berlin: Reimer.

Junge, Peter und Frank Heidtmann
1989 Wie finde ich ethnologische Literatur (Orientierungshilfen, Band 31). Berlin: Berlin Verlag Arno Spitz.

Kammer, Manfred
1997 Bit um Bit: wissenschaftliche Arbeiten mit dem PC. Stuttgart: Metzler.

Kelm, Heinz
1966-68 Kunst vom Sepik. 3 Bände. (Veröffentlichungen des Museums für Völkerkunde Berlin, N.F. 10, 11, 15; Abt. Südsee, V-VII). Berlin: Museum für Völkerkunde.

Kluckhohn, Clyde
1962 Culture and Behavior. Edited by Richard Kluckhohn. New York: The Free Press.

Kluge, Friedrich
1999 Etymologisches Wörterbuch der deutschen Sprache. 23. Aufl. Berlin, New York: Walter de Gruyter.

Koch, Gerd
1976 Südsee. Führer durch die Ausstellung der Abteilung Südsee. 2. Aufl. Berlin: Museum für Völkerkunde.

Kohl, Karl-Heinz
1981 Entzauberter Blick. Das Bild vom Guten Wilden und die Erfahrung der Zivilisation. Berlin: Medusa.

Köhler, Ulrich
1981 Studien- und Forschungsführer Ethnologie mit Ethnologenverzeichnis. Deutscher Akademischer Austauschdienst, Bonn; Deutsche Gesellschaft für Völkerkunde, Münster.

König, René (Hg.)
1969-78 Handbuch der empirischen Sozialforschung. dtv Wissenschaftliche Reihe. Bände 1-12. 2. Aufl. Stuttgart: Ferdinand Enke.

Koppers, Wilhelm (Hg.)
1928 Festschrift für Wilhelm Schmidt. Wien: Mechitharisten-Congregations-Buchdruckerei.

Krickau, Ortrud (Hg.)
1999 Ethnologie im deutschsprachigen Raum. Band 1: Personenverzeichnis, Band 2: Studienführer. Göttingen: Arbeitskreis für Internationale Wissenschaftskommunikation.

Krickau, Ortrud und Gundolf Krüger (Hg.)
1993 Verzeichnis zur Deutschsprachigen Ethnologie. Arbeitskreis für Internationale Wissenschaftskommunikation. Göttingen: Edition Re.

Krohn, Wolfgang und Günter Küppers
1987 Die Selbstorganisation der Wissenschaft. Bielefeld: Suhrkamp.

Kuper, Adam und Jessica Kuper (Hg.)
1985 The Social Science Encyclopedia. London, Boston und Henley: Routledge & Kegan Paul.

Lang, Hartmut
1994 Wissenschaftstheorie für die ethnologische Praxis. 2. Aufl. Berlin: Reimer.

Leach, Edmund Ronald
1979 Political Systems of Highland Burma. (London School of Economics. Monographs on Social Anthropology, No. 44). London: The Athlone Press. (First Edition 1954).

Lebar, Frank M.; Gerald C. Hickey; John K. Musgrave
1964 Ethnic Groups of Mainland Southeast Asia. New Haven: Human Relations Area Files Press.

Lee, Richard B. und Irven DeVore (Hg.)
1968 Man the Hunter. Chicago: Aldine.

Lévi-Strauss, Claude
1970 Traurige Tropen. (pocket 10). Köln: Kiepenheuer & Witsch. [Original: Tristes Tropiques. Paris 1955].
1973 Die Geschichte von Asdiwal. In: Edmund Leach (Hg.), Mythos und Totemismus. Beiträge zur Kritik der strukturalen Analyse. Frankfurt am Main: Suhrkamp. pp. 27-81.

Levinson, David
1998 Ethnic Groups Worldwide. A Ready Reference Handbook. Phoenix, Arizona: Oryx Press.

Levinson, David (Hg.)
1991ff. Encyclopedia of World Cultures. Boston, Mass.: Hall. [bisher 10 Bde., Supplements].

Levinson, David und Melvin Ember (Hg.)
1996 Encyclopedia of Cultural Anthropology. 4 Bände. New York: Holt.

Lewis, Oscar
1984 Die Kinder von Sánchez. Selbstportrait einer mexikanischen Familie. (Lamuv Taschenbuch 18). 2. Aufl. o.O. [Original: The Children of Sánchez: Autobiography of a Mexican Family. New York 1961].

Lindig, Wolfgang und Mark Münzel
1981 Die Indianer. Kulturen und Geschichte der Indianer Nord-, Mittel- und Südamerikas. 2. Aufl. München: Deutscher Taschenbuch Verlag.

Lorbeer, Marie und Beate Wild (Hg.)
1991 Menschenfresser, Negerküsse. Das Bild vom Fremden im deutschen Alltag. Berlin: Elefanten Press.

Malinowski, Bronislaw
1961 Argonauts of the Western Pacific. An Account of Native Enterprise and Adventure in the Archipelagoes of Melanesian New Guinea. New York: E.P. Dutton. [Original: London 1922].

1985 Ein Tagebuch im strikten Sinn des Wortes: Neuguinea 1914–1918. Frankfurt a.M.: Syndikat. [Original: A diary in the strict sense of the term. New York 1967].

Mann, Thomas
1943 Der Zauberberg. 2 Bände. Stockholm: Bermann-Fischer.

Marschall, Wolfgang (Hg.)
1990 Klassiker der Kulturanthropologie. Von Montaigne bis Margaret Mead. München: Beck.

Mauss, Marcel
1990 Die Gabe. Form und Funktion des Austauschs in archaischen Gesellschaften. (Suhrkamp-Taschenbuch Wissenschaft 743). Frankfurt a.M.: Suhrkamp. [Original: Essai sur le don. Paris 1950].

Mead, Margaret
1964 Anthropology. A Human Science. Selected Papers, 1939-1960. Princeton, N.J.: An Insight Book.
1970 Kindheit und Jugend in Samoa. München: dtv. [Original: Coming of Age in Samoa. 1928].

Melk-Koch, Marion
1989 Auf der Suche nach der menschlichen Gesellschaft: Richard Thurnwald. (Veröffentlichungen des Museums für Völkerkunde Berlin. N.F. 46). Berlin: Staatliche Museen Preussischer Kulturbesitz.

Mersch, Dieter
1997 Vom Anderen reden. Das Paradox der Alterität. in: Manfred Brocker und Heino Heinrich Nau (Hg.): Ethnozentrismus. Möglichkeiten und Grenzen des interkulturellen Dialogs. Darmstadt: Wissenschaftliche Buchgesellschaft. pp. 27-45

Meyers Taschenlexikon Geschichte
1982 Meyers Taschenlexikon Geschichte in 6 Bänden. Herausgegeben und bearbeitet von der Redaktion Geschichte des Bibliographischen Instituts unter Leitung von Werner Digel. Mannheim: Bibliographisches Institut. Meyers Lexikonverlag.

Miller, Randall M. und John David Smith (Hg.)
1988 Dictionary of Afro-American Slavery. New York: Greenwood Press.

Möbius, P.
1977 Über den physiologischen Schwachsinn des Weibes. München: Matthes & Seitz. [Faksimiledruck der 8. Aufl., Halle 1905].

Mocker, Ute; Helmut Mocker und Matthias Werner
1993 PC-Einsatz in den Geisteswissenschaften: EDV-Anwendungen für das Studium sinnvoll nutzen. München: dtv.

Morgan, Lewis H.
1964 Ancient Society. Edited by Leslie A. White. Cambridge, Mass.: The Belknap Press. [Original 1877].

Mühlmann, Wilhelm E.
1968 Geschichte der Anthropologie. 2. Aufl. Frankfurt a.M., Bonn: Athenäum. [1. Aufl. 1948].

Müller, Klaus E.
1987 Das magische Universum der Identität. Elementarformen sozialen Verhaltens. Ein ethnologischer Grundriß. Frankfurt a.M.: Campus.
1996 Der Krüppel. Ethnologia passionis humanae. München: Beck.
1997 Schamanismus. München: Beck.

Murdock, George P.
1972 Outline of World Cultures. 4. Aufl. New Haven: Human Relations Area Files.

Murdock, George P. et al.
1961 Outline of Cultural Materials. 4. Aufl. New Haven: Human Relations Area Files.

Naroll, Raoul und Ronald Cohen (Hg.)
1970 A Handbook of Method in Cultural Anthropology. New York, London: Columbia University Press.

Needham, Rodney (Hg.)
1971 Rethinking Kinship and Marriage. (A.S.A. Monographs, 11). London: Tavistock.

Nicol, Natascha und Ralf Albrecht
2002 Wissenschaftliche Arbeiten schreiben mit WinWord 97: formvollendete und normgerechte Examens-, Diplom- und Doktorarbeiten. Bonn: Addison-Wesley.

Nölle, Wilfried
1959 Völkerkundliches Lexikon. Sitten, Gebräuche und Kulturbesitz der Naturvölker. (Goldmanns Gelbe Taschenbücher, 582). München: Goldmann.

Ohrmund, Andreas
1999 Internet für Historiker: eine praxisorientierte Einführung. Darmstadt: Wissenschaftliche Buchgesellschaft.

Pabst-Weinschenk, Marita
1999 Reden im Studium. Ein Trainingsprogramm. Frankfurt a.M.: Cornelsen.

Padgett, Stephen und Thomas Poguntke (Hg.)
2002 Continuity and change in German politics: beyond the politics of centrality?; a Festschrift for Gordon Smith. London: Frank Cass.

Panoff, Michel und Perrin, Michel
1973 Dictionnaire de L'Ethnologie. Paris: Payot.
1975 Taschenwörterbuch der Ethnologie. München: List.
1982 Taschenwörterbuch der Ethnologie. 2. Aufl. Berlin: Reimer.
2000 Taschenwörterbuch der Ethnologie. 3. überarbeitete Aufl. Berlin: Reimer.

Piddington, Ralph
1960 An Introduction to Social Anthropology. Band 1 (First Published 1950, Second Edition 1952, Reprinted 1960). Edinburgh und London: Oliver and Boyd.

1957 dasselbe, Band 2.

Pohle, Hermann und Gustav Mahr (Hg.)
1969 Festschrift zum Hundertjährigen Bestehen der Berliner Gesellschaft für Anthropologie, Ethnologie und Urgeschichte. 1869-1969. Erster Teil: Fachhistorische Beiträge. Berlin: Kommissionsverlag Bruno Heßling.

PONS
1990 Lateinisch-Deutsch. Globalwörterbuch. 2. Aufl. 1986, korrigierter Nachdruck. Stuttgart: Klett.

Prem, Hans J.; Johannes W. Raum; Helmut Straube (Hg.)
1977 Institutsführer. München: Deutsche Gesellschaft für Völkerkunde, Arbeitsgruppe für Hochschul- und Studienfragen.

Ramsthaler, Frank
1997 Wissenschaftliches Arbeiten mit Internetquellen. In: Ethnologie Heute 1. <http://www.unimuenster.de/EthnologieHeute/eh1/frank.htm> [5.12.2002]. Electronic Document.

Redfield, Robert
1930 Tepoztlán: A Mexican Village. A Study of Folk Life. Chicago und London: The University of Chicago Press.

Reiners, Ludwig
1991 Stilkunst. Ein Lehrbuch deutscher Prosa. Völlig überarbeitete Ausgabe. München: Beck.

Resek, Carl
1960 Lewis Henry Morgan. American Scholar. Chicago: The University of Chicago Press.

Rey, Séverine (Hg.)
1995 Who's who der Schweizer Ethnologie (Ethnologica Helvetica 19). Bern: Schweizerische Ethnologische Gesellschaft.

Rössler, Martin
1999 Wirtschaftsethnologie. Eine Einführung. (Ethnologische Paperbacks). Berlin: Reimer.

Rosenthal, David
1998 Infopool Internet. Methoden, Tricks und Quellen der Profis zur effizienten Recherche. Zürich: Orell Füssli.

Rückriem, Georg; Joachim Stary und Norbert Franck
1990 Die Technik wissenschaftlichen Arbeitens. 6. Aufl. (UTB Uni-Taschenbücher, 724). 10. überarb. Aufl. 1997. Paderborn: Schöningh.

Rusch, Gerhard
1982 Einführung in die Titelaufnahme nach den "Regeln für die alphabetische Katalogisierung in wissenschaftlichen Bibliotheken". Bd. I. 6., unveränderte Ausgabe. Pullach bei München: Verlag Dokumentation.

Schmalz-Jacobsen, Cornelia und Georg Hansen (Hg.)
1997 Kleines Lexikon der ethnischen Minderheiten in Deutschland. München: Beck.

Schott, Rüdiger
1998 Rechtsethnologie In: Hans Fischer (Hg.), Ethnologie. Einführung und Überblick. 4. Aufl. Berlin: Reimer. pp.171-195.

Schubert, Ursula und Helmut Riesenkönig
1972 Flow-charting. Lesen und erstellen von Flußdiagrammen. Stuttgart: Deutsche Verlagsanstalt.

Schulze, Walter; Hans Fischer; Hartmut Lang
1997 Geburt und Tod. Ethnodemographische Pobleme, Methoden und Ergebnisse. (Materialien zur Kultur der Wampar, Papua New Guinea, 4). Berlin: Reimer.

Schweizer, Thomas
1996 Muster sozialer Ordnung. Netzwerkanalyse als Fundament der Sozialethnologie. Berlin: Reimer.

Schweizer, Thomas; Margarete Schweizer; Waltraud Kokot (Hg.)
1993 Handbuch der Ethnologie. Berlin: Reimer.

Serres, Michel (Hg.)
1998 Elemente einer Geschichte der Wissenschaften. Frankfurt a.M.: Suhrkamp.

Sesink, Werner
2000 Einführung in das wissenschaftliche Arbeiten: ohne und mit PC. 5. Aufl. München: Oldenbourg.

Seymour-Smith, Charlotte
1986 Macmillan Dictionary of Anthropology. London und Basingstoke: Macmillan.

Sittek, Dietmar
1997 Internet für Soziologen. Frankfurt a.M.: Campus.

Smith Bowen, Elenore [Laura Bohannan]
1987 Rückkehr zum Lachen. Ein ethnologischer Roman. Reinbek bei Hamburg: Rowohlt. [Original: Return to Laughter. An anthropological novel. New York: Doubleday. 1964].

South African Library
1961 A Bibliography of African Bibliographies Covering territories South of the Sahara. 4. Aufl.. Cape Town: South African Public Library.

Spandl, Oskar Peter
1974 Die Organisation der wissenschaftlichen Arbeit. (rororo Basiswissen). [2. Aufl. 1980]. Reinbek bei Hamburg: Rowohlt.

Speck, Josef (Hg.)
1980 Handbuch wissenschaftstheoretischer Begriffe. 3 Bände. (UTB Uni-Taschenbücher, 966). Göttingen: Vandenhoek & Ruprecht.

Standop, Ewald
2002 Die Form der wissenschaftlichen Arbeit. 16. Aufl. (UTB Uni-Taschenbücher, 724). Heidelberg u.a.: Quelle & Meyer.

Stanley, David
1994 South Pacific Handbook. Chico, Calif.: Moon Publications.

Stary, Joachim und Horst Kretschmer
1994 Umgang mit wissenschaftlicher Literatur: eine Arbeitshilfe für das sozial- und geisteswissenschaftliche Studium. [Neuauflage 2000]. Berlin: Cornelsen.

Steinbuch, Ursula
1998 Raus mit der Sprache. Ohne Redeangst durchs Studium. (Campus Concret, Band 33). Frankfurt a.M.: Campus.

Stocking, George W., Jr (Hg.)
1983 Observers Observed. Essays on Ethnographic Fieldwork. (History of Anthropology, Volume 1). Madison: The University of Wisconsin Press.

Stöhr, Waldemar
[1971] Melanesien. Schwarze Inseln der Südsee. Eine Ausstellung des Rautenstrauch-Joest-Museums für Völkerkunde der Stadt Köln. Kunsthalle Köln, 12. November 1971 bis 16. Januar 1972. Köln.

Streck, Bernhard (Hg.)
1987 Wörterbuch der Ethnologie. Köln: DuMont.

Szalay, Miklos
1983 Arbeitsschritte ethno-historischer Quellenkritik. In: ders., Ethnologie und Geschichte. Berlin: Reimer. pp. 91-128.

Taylor, C.R.H.
1965 A Pacific Bibliography. Printed Matter Relating to the Native Peoples of Polynesia, Melanesia and Micronesia. 2. Aufl. Oxford: Clarendon Press.
1972 A Bibliography of Publications on the New Zealand Maori and the Moriori of the Chatham Islands. Oxford: Clarendon Press.

Thiel, Josef Franz
1981 Quellen der Ethnologie und ihre Rezeption. In: Wolfdietrich Schmied-Kowarzik und Justin Stagl (Hg.), Grundfragen der Ethnologie. Berlin: Reimer. pp. 79-91.

Tischner, Herbert
1934 Die Verbreitung der Hausformen in Ozeanien. (Studien zur Völkerkunde, Bd. 7). Leipzig: Verlag der Werkgemeinschaft.

Tucholsky, Kurt
1966 Ausgewählte Werke. 2 Bände. Reinbek bei Hamburg: Rowohlt.

Tyler, Stephen A. (Hg.)
1969 Cognitive Anthropology. New York: Holt, Rinehart and Winston.

Universität Hamburg
1969 Universität Hamburg 1919 – 1969. Hamburg: Im Selbstverlag.

Vayda, Andrew P. (Hg.)
1968 Peoples and Cultures of the Pacific. An Anthropological Reader. Garden City, New York: Published for The American Museum of Natural History.

Voget, Fred W.
1975 A History of Ethnology. New York: Holt, Rinehart & Winston.

Wauchope, Robert (Hg.)
1964-85 Handbook of Middle American Indians. 16 Bände, 3 Supplement-Bände. Austin: University of Texas Press.

Weeks, John M.
1991 Introduction to Library Resarch in Anthropology. Boulder, San Francisco, Oxford: Westview Press.

Werder, Lutz von
1999 Lehrbuch des Wissenschaftlichen Schreibens. Ein Übungsbuch für die Praxis. Berlin, Linow: Schibri-Verlag.

Westermarck, Edward
1926 A Short History of Marriage. New York: Macmillan.

Wilpert, Clara
1985 Südsee Souvenirs. (Wegweiser zur Völkerkunde, Heft 32). Hamburg: Hamburgisches Museum für Völkerkunde.

Wilpert, Gero von
1989 Sachwörterbuch der Literatur. 7., verbesserte und erweiterte Auflage. (Kröners Taschenausgabe Band 231). Stuttgart: Kröner.

Winick, Charles
1968 Dictionary of Anthropology. Totowa, N.J.: Littlefield, Adams. [zuerst 1956].

Winters, Christopher (Hg.)
1991 International Dictionary of Anthropologists. New York, London: Garland.

Winthrop, Robert H.
1991 Dictionary of Concepts in Cultural Anthropology. New York: Greenwood Press.

Wurm, S.A. und Shirô Hattori (Hg.)
1981 Language Atlas of the Pacific Area. (Pacific Linguistics Series C, No. 66). Canberra: Australian Academy of the Humanities in collaboration with the Japan Academy.

Wörterbuch der Völkerkunde
1999 Wörterbuch der Völkerkunde. Begründet von Walter Hirschberg. Grundlegend überarbeitete und erweiterte Neuausgabe. Berlin: Reimer.

INDEX